なるには BOOKS 別巻

指と耳で見る、目と手で聞く

視覚障害・聴覚障害のある人の暮らす世界

金治直美 著

ぺりかん社

はじめに

　以前、近所で白杖（はくじょう）を持つ男性とよくすれ違いました。いつも白杖を大きく左右に振（ふ）りながら、歩道をまわりの人と同じ速さで歩いていきます。見えているのかな、と思えるようなスピードです。

　あるとき、たまたまその男性と話をする機会がありました。中年になってからの失明で、まったく見えていないとのこと。

　びっくりしました。大人になってから障害が現れたのに、ここまで危なげなく速く歩くことができるなんて、どういう能力が働いているのだろう？　と。

　手話をはじめて近くで目にしたときも、感心しました。十数人のグループが公園の芝生（しばふ）で輪になって、静かに両手を動かしています。みんな、笑ったりちょっと厳しい顔になったり、手といっしょに口を動かしながら、楽しそうに「おしゃべり」していました。十数人の大きな輪ですから、もし声による会話だったら大声を出さなければならず、話は続かないでしょう。両どなりの人とだけしゃべるしかありません。

3

手話っていいなあ。こんなに大勢で会話できるんだ。手の動きも、とても美しく見えました。

　今回この本を書くにあたって思い出したのはその二つのことです。

　目の見えない人は、どうやって自分を取り巻く世界を把握しているのだろう。耳の聞こえない人は、どのように言葉を覚え、コミュニケーションをとっているのだろう。

　その疑問を胸に置き、視覚障害・聴覚障害のある人の話を聞き、またあれこれ調べてまとめたのが、この本です。とはいっても、私は、障害についての研究者でもなく、福祉関係者や特別支援学校の教師でもありません。わからないことずくめでした。

　でも、専門家ではないせいか、逆に「へえ〜！」「すごいな！」とびっくりしたことがたくさんあったように思います。反対に「ひどい！」と憤ったこともありました。

　そんな「へえ〜！」「すごい！」「ひどい！」を、少しでもみなさんに知ってもらい、興味をもってもらえたら、うれしいです。

※「障害者」という言葉は、「障がい者」、「障碍者」と書くこともあります。「害」の字を用いるのは不適切であるという考え方によるものです。

　一方、2011年に内閣府から公布、施行された「改正障害者基本法」では、障害者とは「障害及び社会的障壁により継続的に日常生活又は社会生活に相当な制限を受ける状態にあるもの」とされています。"社会や環境のあり方・仕組みに壁があり、「できないこと」が生じてしまう者"という定義が、公式に発表されたのです。心身の障害そのものよりも、それによりできないことが出てくることを、社会の側の問題としてとらえているのです。これを「障害の社会モデル」といいます。この場合は「障害」「障害者」という表記で問題ないでしょう。

　この本では後者の考え方にたち、本文中では「障害者」と表記しました。

指と耳で見る、目と手で聞く

視覚障害・聴覚障害のある人の暮らす世界

目次

3章　聴覚障害のある人の世界と文化

4章　いっしょに社会で

※本書に登場する方々の情報等は、取材時のものです。
［装幀］図工室　［カバ　イラスト］たかおかゆみこ　［本文デザイン・イラスト］raregraph山本州
［本文写真］編集部撮影

「なるには BOOKS 別巻」を手に取ってくれたあなたへ

「なるには BOOKS」は、働くことの魅力を伝えたくて、たくさんの職業について紹介してきました。「別巻」では、社会に出る時に身につけておいてほしいこと、悩みを解決する手立てになりそうなことなどを、テーマごとに一冊の本としてまとめています。

　読み終わった時、悩んでいたことへの解決策に、ふと気がつくかもしれません。世の中を少しだけ、違った目で見られるようになるかもしれません。

　本の中であなたが気になった言葉は、先生やまわりにいる大人たちがあなたに贈ってくれた言葉とは、また違うものだったかもしれません。

　この本は、小学生・中学生・高校生のみなさんに向けて書かれた本ですが、幅広い世代の方々にも手に取ってほしいという思いを込めてつくっています。

　どんな道へ進むかはあなたしだいです。「なるには BOOKS」を読んで、その一歩を踏み出してみてください。

1章

障害のある人に
話を聞いてみた

知っておこう！ 視覚障害

▶ 弱視のほうが全盲（ぜんもう）よりずっと多いって、知ってる？

　視覚障害者には、どんなイメージがありますか？　全盲（ぜんもう）、つまり「まったく見えない人」と思っていませんか。

　実は、視覚障害にはいくつもの状態、症状（しょうじょう）があります。全盲（ぜんもう）の人もいれば、晴眼者（せいがんしゃ）（視覚障害のない人）とそれほど大きく変わらない生活ができる人もいます。

　視覚障害は、大きく二つに分かれます。「全盲（ぜんもう）」と「弱視」です。

　弱視は、医学的にいうと「視力の発達が障害されておきた低視力」、つまり、視力が十分発達できなかったためによく見えないという状態です（「日本 弱視斜視学会（にほんじゃくししゃしがっかい）」による）。めがねやコンタクトレンズを使用しても、よく見えるようにならない状態が、弱視にあたります。

　弱視は、視力が弱いだけではなく、一人ひとり見え方が違（ちが）います。ピントが合わずぼんやりとした状態であったり、見える範囲（はんい）が狭くて小さい穴からのぞいたように見える「視野狭窄（しやきょうさく）」、視野の中心が見えにくい「中心暗点」、明るいところではまぶしくて見えにくい「羞明（しゅうめい）」、薄暗（うすぐら）いと見えにくくなる「夜盲（やもう）」など、さまざまな見え方の人がいます。

　現在、日本には31万2000人（2016年、厚生労働省（こうせいろうどうしょう）の調査で、身体障害者手帳を取得している人）の視覚障害者がいます。そのなかで、全盲（ぜんもう）の人はどのくらいいると思いますか？　視覚障害の

ある人が10人いるとしたら、その中の1人か2人だろうといわれています。あとの人は弱視者です。弱視者のほうが格段に多いのです。

▶ 先天性は少ないって、知ってる？

　視覚障害者は、さらに先天性のもの（生まれつき見えない）、後天性（後から見えなくなった）のものに分けられます。「生まれつき見えない」人が多いイメージがあるかもしれませんが、実は後天性のほうがずっと多いのです。数字で見ると、視覚障害者31万2000人のうち、0歳から9歳（さい）までの子どもは、1000人です。それ以降、じょじょに人数が増えていきます（2016年、厚生労働省の調査による）。つまり、成長途中や大人になってから病気や事故で視力が損なわれていく、という人が大多数を占めているということです。

　視覚障害者というと、生まれつきまったく目が見えない人というイメージをもっていませんでしたか？

　けれども、実際には少しは見える、という人、さらに、子ども時代、あるいは大人になってから見えなくなった、見えづらくなったという人のほうが、圧倒的（あっとうてき）に多くなっています。

　では、それらの人たちは、毎日どのように生活しているのでしょう。また、どんな子ども時代を送り、どのような勉強をしてきたのでしょう。不便なことは？　腹の立つことは？

　1章　障害のある人に話を聞いてみた①②では、実際に視覚に障害のある方々に、それらのことを語ってもらいました。

外出好き旅行好きの
視覚障害者、それが僕です

▶▶▶ 国際基督教大学 横山政輝さん

2000年生まれ。目に代わって耳や指を駆使して多くの情報を活発に入手しながら活動。海外旅行も大好きで何度も経験。大学卒業後は一般企業への就職を希望。

▶ 充実の大学生活

　僕は先天性の網膜色素変性症（眼球の奥の網膜という部分に異常が現れる病気）のため、弱視です。近視と遠視両方で、小さいもの、遠くのもの、両方ともよく見えません。また、明るすぎても薄暗くても見えなくなります。めがねをかけていますが、視力を安定させるためと目を疲れにくくするためで、実際見え方はあんまり変わらないですね。

　大学生活は充実していますよ。専攻は文化人類学で、研究しているのは、「視覚障害者が生み出している文化とネットワーク」。点字やブラインドスポーツなどは、視覚障害者に拓かれた新しい文化だと僕は考えています。視覚障害者同士のつながりも、これまでの「障害者団体」とは雰囲気が違う、新しいネットワークができています。

　サークルは点訳（文字を点字に表記すること）サークルと考古学サークルに入っています。考古学サークルでは、実際に縄文遺跡を発掘することがあるんですよ！

▶ 外出で危ない目にあうのがふつう？

　出身は千葉県船橋市で、小学校は市内の一般の学校に通っていました。今思えばとても不便でしたね。拡大教科書（弱視の児童、生徒用に教科書の文字や図形を拡大して複製したもの）はありましたが、あとはルーペ（63ページ参照）くらいしか知りませんでした。

　試験など、テスト用紙をルーペで拡大しながら問題を解いたら、時間内に終わるわけがない。「弱視者はそれくらいがんばれ」ということなんでしょうか？　理科の実験でも、ビーカーや試験管の目盛りは見えませんでした。文字もがんばって書いていましたが、見えないのできれいに書くのは難しい。よく「字が汚い」と注意されました。

　筑波大学附属視覚特別支援学校（盲学校）に入学したのは、中学校から。視覚特別支援学校は一般の学校とはぜんぜん違っていて、拡大教科書のほかにも、いろいろな道具や機器があって助かりました。

　学校には寄宿舎がありましたが、僕は家から電車通学をしていました。最初のころは白杖も持っていなくて、駅や道路でひやりとすることもたびたび。でも、外出時に危ない目にあうのは、ふつうのことだと思っていました。それでも外出は大好きでしたね。

　学校では、歩行指導や点字指導などの「自立活動」（39ページ参照）があって、歩行指導では白杖で外出する訓練をしてもらえました。

▶ 手でふれて全体像がわかる

　目に代わる主な情報源は耳、それから指です。指で情報を得るときは、親指と人差し指を使うときが多いですね。

　中学の授業で、手を使って物や空間を理解する勉強がありました。

手で一度にふれられるのは一部分ずつですが、それをつなげていくと頭にすらすらと全体像が浮かんでくるようになります。ある程度の時間はかかりますが。そういう「空間認知能力」が視覚障害者には必要ですね。

　外出先でも、光が当たってくる方向で方角がわかります。自分のいる位置がわかれば、頭の中で地図を描くこともできますよ。

　鼻も、一般の人よりは使っているかな？　自炊なので、食後に食器を洗い、汚れが残っていないかどうか、くんくん匂いを嗅いだりします。ご飯つぶがついていないかとかは、指でふれて確認します。

▶ 最新機器を使いこなせば、たいていのことはできる

　パソコンはなくてはならないもの。いつもだいたい持ち歩いています。授業のノートを取るのもパソコンです。操作には苦労していないですよ。頭にパソコン画面を思い浮かべることができるんです。頭の奥に「視覚」というような部分が残っていて、それを使っているのか

学生寮の生活

　高校までは実家でしたが大学生になってから大学敷地内の学生寮で暮らしています。特別支援学校の寮とはだいぶ違うかな。大学生ともなると、食事は自炊。台所は共用なので、料理していると寮生が「食べさせろー！」と群がってきますよ。今ではレパートリーは結構広くて、スペイン料理のパエリアとかもつくれます。

な。先天性の全盲の人とは、認識の仕方が少し違うかもしれません。

　僕の弱視は進行性なので、できるだけ目は使わないほうがいい。だから、パソコンなどは画面を見るのではなく「音声派」。「読み上げ機能」（64ページ参照）という音声操作のソフトを使っています。操作は大学に入ってから必死に覚えました。

　教科書は、ふつうのものを学校の学生支援室でスキャンしてもらい、データ化してもらって自分のパソコンに入れ、それを音声化します。授業で使うスライドなどもデータ化してもらえます。

　人によって、「音声派」ではなく「拡大派」の人もいます。ある程度見えて、視力がまあまあ安定している人は、タブレットなどで文字を拡大させて見るのです。僕も「拡大」を使うこともあります。

　「音声派」か「拡大派」かは、個人の好みと、また弱視になった時期にもよりますね。ある程度の年齢になってから弱視になった人は、音声に抵抗があるようです。やっぱり目で見るほうが速いですから。

　今、いろいろ便利な機器があるので、それらを使えばまったくできないことはそんなに多くないと感じます。海外では飛行機を操縦する視覚障害者もいるんですって。計器の動きを音声化して操縦するそうですよ。

　意外に思われるのは、写真。全盲の人でも持っていたい。映ってい

大学での学習風景

取材先提供

拡大読書器を使って飲食店のメニューを読みます

るものを人に教えてもらい、覚えてパソコンのフォルダーに入れて日付をつけておくんです。SNSに画像を投稿する全盲の人もいますよ。

　大学卒業後は、得意なパソコン操作を活かして、一般企業への就職を考えています。

▶ 外出大好き、旅行大好き、だけど……

　僕は出かけるのが大好き。1週間家に閉じこもったら、ダメになるタイプです。海外旅行も何度も行きました。高校のときは、視覚特別支援学校の生徒4人だけでチェコに行ったこともあります。そのほか、イギリス、アイルランド、中国、タイ、マレーシアなども旅しました。トランジット（飛行機を乗り換えること）のときは、誰かに案内を頼まないと、広い空港でどこがどこだかわからなくなりますが。

　旅行は、海外でもツアーではなく個人旅行です。ツアーだと「見る」観光が中心ですからね。個人旅行では言葉が通じないと大変ですが、根性で乗り切っています。

　遊びに出かけた先で危ない目にあうこともあって、いっしょに行った晴眼者の友だちに「マサキ、君はいいかもしれないけれど、こっちはずっとはらはらしていたんだよ」と言われたこともありました。

大学1年生のときにアイルランドの遺跡にて

取材先提供

1
章

外出好きの僕ですが、街へ出てへこむこともあります。マニュアル社会になっているせいか、融通がきかないことが結構あって。視覚障害の友人のケースでは、忘れ物を警察署に引き取りに行ったら、「受け取りのサインをしてください」と言われました。見えないのでサインできないと言ったら、「それでも規則だから」の一点張りで、忘れ物を渡してくれません。結局、「仕方ない、受け取っているところの写真を撮ります」って言われたそうです。

いちばん不便なことは、理解してもらえないこと。見え方を理解してもらえないのはしょうがないけれど、理不尽なことを言われたりする。「なんで字が汚いの？」とか、駅で何かにつっかえてもたもたしていると、ノロマとかウスノロとか言われたり。

みんなセカセカしていて時間の余裕、心の余裕がないのかな。

社会全体、もっとのんびりしてほしいなと感じます。いろいろな立場の人と語り合い、理解し合える時間をもってほしい。

そして、障害のある人を見かけたとしても、「あの人は障害者」とひとくくりにしないでほしい。話してみればわかるはずです。一人ひとり違う人間なんだということが。

パソコンでアルバイト

パソコン操作が得意なので、ノートテイクのアルバイトもしています。障害のあるほかの学生のために、授業中に内容を文字にするという作業です。国際基督教大学では、登録制でノートテイクなどのアルバイトができるんですよ。

一方的に助けてもらうばかり
ではない社会に生きたい

▶▶▶ 国際基督教大学　三好里奈さん

2001年生まれ。愛媛県で中学までを過ごし、高等部からは東京都にある特別支援学校高等部に。寮生活が長く自炊も好きで、食に関する仕事に興味がある。勉強やアカペラサークルで多忙の日々。

▶「見えない」を受け入れたとき

　私は先天性の網膜色素変性症で、今は光がほんの少しわかる程度の全盲です。小さいころは、人の顔の輪郭や大きな文字は見えていました。でも、羞明（10ページ参照）と夜盲（10ページ参照）もあり、視野も狭く（10ページ参照）、色覚異常もありました。

　一人で外を自由に歩きまわることはできませんでしたが、ふだんから太いペンなどで字を書いたり、塗り絵をしたりしていました。花火を見て、すごくきれいだった記憶もあります。

　「ぼんやりと見えていたの？」と聞かれることがありますが、「ぼんやり」という感覚がわからないんです。自分でははっきり見えていると思っていました。

　実家は愛媛県で、小学校1年から中学校3年まで、松山の盲学校にいました。週の半分は、寄宿舎に泊まっていました。幼稚部生から、あん摩マッサージ指圧師などの資格取得をめざす大人まで、多い年は、男女合わせて40人近くが共同生活していました。

　視力が落ちてしまったのは、小学校6年生のころでした。その前か

18

ら、視力検査でもともと0.03だった視力が、0.025、0.02……と低下していき、おかしいなとは思っていました。それまで漢字を目で見て、書けていたのに、書けなくなって。でも、それをなかなか言い出せなくて。

　6年生の4月に、先生に「自分の書く文字が見えなくて、漢字練習の宿題ができませんでした」と言い、視力が低下したことをまわりの人に伝え始めました。

　点字は、小学1年生から覚えました。そのころ文字は読めていましたが、進行性の病気である私の今後を考えてくださったのか、先生が教えてくれたんです。いよいよ見えなくなったとき、点字が読めるのはすごく助かり、ありがたいなあ、と思いました。

▶ 大学生活は楽しいけれど

　高校は、東京都の筑波大学附属視覚特別支援学校（盲学校）です。そこでも寄宿舎に入り、その後国際基督教大学を受験しました。

　大学に入学したときは、不安でいっぱい。大変だ、辛いな苦しいなと感じながら生活するんだろうと思いこんでいました。

　でも、大学にはいい人、おもしろい人が多くて、奇跡のように楽しいです。点字の教科書を用意していただいたこともありましたが、パソコンも読み上げ機能を活用して、毎日使っています。

　苦手なことも多いですよ。視覚障害者は、頭の中に地図をつくる能力が必要、それから指で触って全体像を把握する認知能力が必要、といわれていますが、私は、それは苦手なほうかもしれません。

　白杖での歩行は、愛媛の盲学校でも訓練をしてもらいましたが、私はこれもあんまりうまくないみたい。

視覚障害者の誰もがこういうことを大得意としているわけではありません。あたりまえのことですが、個人差があるんです。

▶ 手助けしてもらうときは

　松山に帰省するときは、一人です。羽田空港から飛行機に乗ります。空港行きのバスに乗るとき、訓練して道順を覚えてもいいのですが、私はたいてい、通る人を呼び止めて案内をお願いしています。道を行く人に「連れて行ってください」と頼みますが、断られるときもあるし、知らん顔されたり気付いてもらえないときもあります。でも、それと同じくらい優しい人もいて、応じてくれる割合はわりと高いですよ。

　コツは、すれ違う人ではなく、同じ方向に行く人、それも二人で歩いている人に声をかけること。相手が一人だと立ち止まってくれないこともありますが、おしゃべりしている二人連れに「すみませーん」と声をかけると、話が止まって「はい、なあに？」となります。

白杖を使い、歩きます

取材先提供

▶「里奈からもらっているものも」

大学や寮にいるときに、視力が必要な用事があるときは、友人5人くらいのなかから、都合の合う人に頼むことが多いです。でも実は私は、申し訳ないな、という気持ちが先だって、あまりお願いできないほうで……。人を頼るのは大事なこととは思いますが。

心がけているのは、用を頼む、そのためだけに誰かと親しくなろうとはしないこと。お金を払っての依頼は別として、お願いするのは、友人として心から親しくなりたい人だけです。

でも、ときどき不安になっちゃいます。一方的に助けてもらうばかり、というのが辛くなってしまって。

あるとき、友人に告げてみたことがあります。「いつも頼ってばかりでごめんね」と。

そしたら、「そんなことないよ。私も里奈からもらっているものが、たくさんあるんだよ」と言ってもらえた。

すごくすごく、うれしかったひと言です。

アルバイトいろいろ

アルバイトで、視覚障害者に中学レベルの英語を教えています。点字を読むバイトもあります。視覚障害者だからこそのアルバイトですね。

▶ 思いこみをなくせば世界はもっと広がる

　思春期のころ、障害のことを他人からどう思われるんだろうと、すごく気にしていました。今も、たとえば中学生のみなさんに障害の話をしても「え〜？」と思われるだろうな、何も言わないほうがいいのかな、なんて思うこともあります。

　でも、それは私の思いこみかもしれないんです。

音楽大好き！

　英語も好きですが、いちばんの趣味（しゅみ）は音楽！　ピアノをずっと弾（ひ）いていましたし、大学のサークルはアカペラサークルです。

　ピアノは小さいときから習っていました。点字の楽譜（がくふ）ってあるんですよ。でも、その点字楽譜にふれながら弾（ひ）くことはできないので、暗譜（あんぷ）しなければならず、一曲弾（ひ）けるようになるには結構時間がかかります。耳コピーすることも多いですよ。

友人とタイ衣装を着て記念撮影（右が三好さん）

取材先提供

1章

　そして、同じように「視覚障害者はこんなことはできないだろう」とか、「きっと、こんなことで困っているだろう」と思い込まないで、おたがいを知ろうとすることができたらうれしいです。

　決めつけてしまうと、それ以上何も考えなくなりますもんね。

　私の好きな考え方は、いっしょにやっていこうということ。

　私は、私ができることをやりたい。そして、助け合っていきたい。

　さらにその先は、助けるとか助けられるとかいう垣根を越えて、みんなでいっしょにやろう！　というふうになれたらいいな。

　食べるのも大好き！

　今、食事は三食自炊です。お昼も、寮に戻ってつくって食べています。料理も食べることも好き。人と話をすることも好きです。

　大学卒業後の進路として興味があるのは、「食」に関する仕事。食べることや栄養のこと、食に関連する環境問題などをインタビューしたりレポートしたりして、発信できるような仕事に就けたらいいな。

自炊にも慣れました。得意料理は煮物です

取材先提供

知っておこう！ 聴覚障害

▶ 聞こえ方にいろいろあるって知ってる？

　聴覚障害者は、音や声が聞こえない人（ろう者）、そして聞こえにくい（難聴）という人も含まれます。また、片耳は聞こえても、もう片方は聞こえない・聞こえにくい、という人もいます。「聞こえない」程度は、もちろん人によって差があります。補聴器をつければ日常生活に困らない程度に聞こえる人から、補聴器をつけても、大きな音のみをかすかに聞きとれるだけ、という人もいます。

　また、つぶれた音、ゆがんだ音に聞こえて、言葉として聞き取れない人、大きな音だとむしろ聞き取りにくい人、高い音が聞こえない人、人によってさまざまです。同じ聞こえ方の人は、一人としていないかもしれません。

　音を聞き取る力は、デシベル（dB）という単位で表されます（デシベルはもともと音の強さを表す単位）。その人が聞き取れるいちばん小さな音を測定し、その音が何デシベルであったかを、「聴力」として数字で表しています。数字が大きいほど、聴力が低いことになります。

　聴覚障害のある人は、自分が出した声をうまく聞くことができません。そのため、どうやって声を出して、言葉として発声したらいいのか、わかりません。人類が言葉を話すようになるためには、赤ちゃんのころから、まわりの人の声を聞いて、自然にまねをして身につけていくことが必要です。聞こえない人・聞こえに

くい人は、その機会を奪われているので、声を出すこと、話をすることも不自由となります。

▶ 後天性のほうが、圧倒的に多いって知ってる？

　日本にいる聴覚障害者は、34万1000人といわれています（2016年、厚生労働省の調査による）。

　聴覚障害には、先天性（生まれつき聞こえない）と、後天性（後から聞こえなくなる）とがあります。

　後天性は病気や事故、大きな騒音を聞き続けたことなどが原因となります。また、高齢になると、聞こえにくくなる場合が多くなります。「耳が遠くなる」という状態です。この老人性聴覚障害を含めると、後天性の人が32万6000人、全体の9割を占めています。

　聴覚障害のある人が困るのは、白杖や車いすを使っている人と違い、障害があることを周囲の人からすぐには理解してもらえないこと。そのため、必要な手助けが得られないときがあります。

　それでは、1章 障害のある人に話を聞いてみた③で、聴覚障害のある石川剛己さんのお話を紹介しましょう。

ぼくの「第一言語」は手話です

▶▶▶ 埼玉県立特別支援学校大宮ろう学園高等部教師 石川剛己さん

1996年生まれ。中学で入学した埼玉県立特別支援学校大宮ろう学園での充実した学園生活にひかれて高校教師を志望。教員免許取得後は母校で教壇に立ちながら野球部の監督も務める。

▶ コミュニケーション手段が違うのは、あたりまえ

母校である大宮ろう学園高等部で数学を教えています。教師となって2年目。野球部の監督もやっています。

耳は生まれつき聞こえません。補聴器をつけていますが、言葉は聞き取れず、音があるというのがわかる程度。聞こえるのはサイレンぐらいかな？　車のクラクションは聞こえません。聴力は100デシベル（24ページ参照。100デシベルは重度の聴覚障害）を超えています。

両親もろう者でした。家で声による会話はありませんでしたが、両親は幼児のころから手話で話しかけてくれました。だから、僕にとっては「第一言語」（人が最初に学ぶ言語、母語）は、手話なんです。絵本も、手話で読み聞かせをしてもらいました。そこではじめて言葉というものがあり、文字がそれに対応していることを知りました。

自分の家族は、ほかの家と違うと意識したのは、小学生くらいからかな。それまでは、違和感をもっていなかったと思います。

ほかの親子は口をパクパクさせていて、それでわかり合っている。

26

自分のうちとは違う。親に「何で僕の家族だけ手話を使うの？」と聞いてみたことがあります。「うちはろう者だから。ほかの家族は『聞こえる家族』だから声を使うの。コミュニケーション手段が違うのよ」といわれました。でも、そのときは「そうなんだ」というだけで、あんまり深くは考えませんでした。手話を使うのはあたりまえのことでしたからね。

「音がある」ということは、頭ではわかっているつもりですが、本当の理解はできていないでしょうね。ろう学校で、「この音はこういう音です」と、CDを使ってひと通り教えてもらいましたが、わかったのはロケットの発射時の爆音だけでした。ほかはあまりよくわかっていないと思います。

▶ 手話と指文字

出身は、栃木県宇都宮市です。3歳から、栃木県立聾学校の幼稚部に通っていました。そのころは、親に車で送り迎えしてもらいましたが、小学2年生くらいからは、路線バスで通うようになりました。でも、バスの車内アナウンスは聞こえません。緊張しながら乗っていましたね。

手話は幼児のころ身についていたので、幼稚園や小学校では不便なことはありませんでした。小学1年生のときから毎日、日記を書く宿題があったので、それまで手話で認識していたことを、文字で書き表せるようになりました。

ちょっと困ったのは、ろう学校の小学部までは「指文字」（日本語の五十音などを一つずつ、指の形で表すこと。91ページ参照）をメインに会話するという方針だったこと。おそらく、日本語をきちっと身

につけさせるためでしょう。先生が指文字で表したことを読み取って、文章に書き起こす練習をしました。手話は、ひとつの動きで「意味」を表せますから、指文字だけでコミュニケーションをとることは、じれったくて苦労しました。

　口語の練習もしましたが、小学校高学年になるにつれて、いくら練習しても上達しないなと思うようになりました。

▶ 数学の教師に

　中学３年生のときに、大宮ろう学園を見学しました。聴覚障害のある教員がたくさんいると聞いたからです。

　大宮ろう学校は、居心地のよさそうな、とても楽しい雰囲気の学校で、ここなら自分らしく無理なく生きられるのではと感じ、入学しました。

　寄宿舎に入ったのですが、はじめてのことをたくさん経験しました。同級生や先輩との生活は目新しいことばかりですが、そのほかにも洗濯を自分して、服もたたむ、掃除もすることも初体験。

　中学のときからずっと野球部で、高校でも野球部。３年生のときは部長でした。もちろん、勉強もちゃんとやっていましたよ。寄宿舎は

生徒に手話をまじえて野球の指導

夜の９時からが勉強時間。高校１年生のときから大学進学の希望を
もっていたので、毎日３時間くらいは勉強していました。

　とはいえ、勉強ばかりしていたわけではありません。友だちと手話
でおしゃべりしていた時間も結構あり、それがすごく楽しかった。

　好きな教科は数学。小学生のときから算数は得意でしたね。そこ
で、大学は数学の教員免許を取得できる筑波技術大学を受験しまし
た。入試は一般入試でした。試験当日は、受験生に説明する内容を、
スタッフがあらかじめ紙に書いて用意してくれました。

　無事に合格し、４年後には大学院に進学。そこで特別支援教育のこ
とを学び、教師として母校に戻ってくることができました。埼玉県内
の聴覚特別支援学校を希望していたので、うれしかったです。

▶ 生徒たちへ希望を

　教師として、今やりがいある日々を送っています。授業のときに生
徒が「わかった！」「ああ、そういうことか！」という表情を見せて
くれる、またそう手話で語ってくれる、その瞬間が僕の喜びです。で
きないことができるようになった感動をともにできること。それが、
自分が考える教師の生きがいですね。

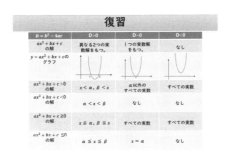

パワーポイントで作成した数学二次不等式の復習問題

取材先提供

聴覚障害の生徒たちは、当然将来への不安があります。僕がいつも考えているのは「聞こえなくてもできる」ではなく、「聞こえないからこそできる」ことがある、ということ。人の表情から感情を読み取る力、まわりを見る力、さまざまな手段でコミュニケーションをとることができる力があります。聞こえなくてもそれをプラスに考えることが大切だと思っています。もし自分が聞こえていたら、経験できなかったこともありますから。

　僕の場合は教師ですから、生徒とは同じ聴覚障害のある仲間として、これまでの経験を活かして、考え方、意見などを生徒に伝えられます。それにより、生徒たちに希望をもたせることができる。それは、僕にしかできないことだと思っています。

▶ 社会の仕組みは、障害のない人がつくってきた

　僕たちろう者は、見た目では障害のあるなしはわかってもらえません。後ろから声をかけられても気がつかず、失礼な人だなと思われてしまうことがよくあります。

　そのように、聞こえない人のいちばんの課題は、コミュニケーションがうまくとれないということ。就職した友人からは、実際にやれば

埼玉県高等学校軟式野球春季大会で優勝！

できるのに、「聞こえない人＝仕事ができない人」と思いこまれてしまう、という話をよく聞きます。そんなことはありません！　たいへん悔しく、残念なことです。

　これまで、社会というのは障害のない人がつくってきたわけで、障害のない人のための仕組みといえます。ですから、障害のある人は生活する上で、いろいろな壁、困難にぶち当たってしまいます。

　今は昔よりも過ごしやすい社会になってはいますが、まだ社会的な壁を感じるところがあります。共生社会という言葉だけではなく、壁や困難という社会の本質的な問題に目を向けてほしいです。

　とはいっても、手話に対する理解は以前に比べて、広まっています。

　お店などで、手話を見て聴覚障害に配慮してくれる人もいます。ありがたいことです。もっともっと理解されるように、聞こえる人もいっしょになって、手話を広めてくれたらいいのになあ。

　そして、誰もが生きやすい共生社会をつくっていけたらいいですね。

趣味はファッションや食べ歩き

　社会人になった今の僕のストレス解消法は、ファッション。時間があるときは東京都内まで行って、ファッション関係の店を見て回ります。食べ歩きも好きです。特に魚。和食が好きです。

2章

視覚障害のある人の世界と文化

わかってほしい
あんなこと
こんなこと

　1章の横山政輝さん、三好里奈さんの話から、視覚障害のある人へのイメージが変わったのではないでしょうか。特に、スマートフォン（スマホ）やパソコンその他の最新機器が、今や視覚障害のある人には欠かせないものということには、驚かされます。

　しかし、そのことはあまり知られていません。白杖を持っている人がスマホを操作していると視力があると思われ、「白杖なんて持っていて、見えないふり？」などの心ない言葉をかけられることもあるそうです。

　ほかにも多くの不便なことがあり、数え上げるときりがないかもしれません。ここでは、そのなかからいくつかのことを紹介します。

料理ではお皿の位置が重要

　食事のとき目の前にいくつも皿や器が並べられると、どこに何があるのかわからず、なかなか箸をつけられないことがあります。

　視覚障害のある人といっしょに食事するときに、覚えておくといいのは、「クロックポジション」。食卓の上の食器の位置を伝えるとき、時計の文字盤の方向で例える方法です。視覚障害のある人から見て、「8時の方向にごはん、11時の方向に唐揚げ、3時の方向にサラダ」などと伝えます。

雨の日は要注意！

　視覚障害のある人は、耳、そして鼻からも情報を得ます。雨の日に外出すると、雨の音で周囲の音が消され、匂いも消えてしまいます。加えて、傘を持たなければならないので、白杖を持つと両手がふさがり、歩きにくくなります。

2章

音響式信号機のない交差点は危険！

　横断歩道で音響式信号機がない場合は、周囲の人が歩き出す流れ

三好さん

　道路を渡れないでいる視覚障害者を見かけたら、「青ですよ」と声をかけてくれるとうれしいです。もし、声をかける勇気がないのなら、ひとりごとみたいに、「あ、青だ」と声に出してくれるだけでも。それから、信号無視はしないで！赤信号なのに歩き出す人がいると、私たちは青になったと勘違いしちゃいますから。

を察して、青信号になったと判断しなければならず、危険なときも。

ホームからの転落が怖い！

　視覚障害のある人のホームからの転落件数は、ここ10年、毎年60件以上起きています。そのうち、毎年一人から数人が、電車との接触事故につながっています（2021年国土交通省調べ）。

　ホームドアの設置は進んではいますが、まだまだ多くはありません。

　周囲の人が一人でも「危ない！」「止まって！」という声をかけていたら防げたのに、という事故もあります。

横山さん

　僕らは案内など人に頼らなくてはならないことが多いのですが、相手がセカセカイライラしている雰囲気を感じたら、さすがにお願いできないです。そもそも日本人って、手助けするのに慣れていない人が多いかも。視覚障害者に声をかけるのって、まだまだ勇気のいることなのかな？
　欧米はとても自然で、頼まなくてもさっと助けてくれます。看板など障害物があるとぱっとどけてくれたり、「こっちですよ」とさらりと教えてくれますよ。

自分の目も他人事ではない

　これらの危険や不便なことは、他人事ではありません。ここ数十年、近距離でスマートフォンやパソコンを見続けることで、目を使いすぎている人が増え、世界中で近視の人が増加しているといわれています。

　すでに近視の人は、これ以上進行しないよう、十分注意をしてください。

　また、強度の近視では、網膜剥離や緑内障という病気を起こすことがあり、失明の危険も出てきます。

2章

横山さん

　弱視などの人がどう見えているのかを体験できる、「見え方紹介アプリ」というものがあります。スマホやタブレット端末で使えます。カメラ機能をONにしてあたりを映すと、僕のような弱視者の見え方を再現してくれます。
　「羞明」「夜盲症」「中心暗点」「視野狭窄」の設定を加えることもできますよ。機械だから、正確さに限界はありますけどね。

　視覚障害のある人の多くはたくさんの工夫をしながら、学校で、社会で活躍しています。その工夫は文化といえるものです。

視覚特別支援学校を知ろう

一人で生活できるように
さまざまな活動を学ぶ

どんなところ？

　1章に登場した横山さんと三好さんは、インタビュー当時は大学生ですが、横山さんは中学校から、三好さんは小学校から、視覚特別支援学校に通っていました。

　視覚特別支援学校は現在全国に67校あります。各都道府県に1校、多いところでは5校（東京都）が設置されています。幼児・児童・生徒数は、幼稚部から高等部まで含めると、2300人ほどとなっています（2022年度全国盲学校長会調査による）。

　視覚特別支援学校には、幼稚部・小学部・中学部・高等部があります。高等部には、普通科のほかに、あん摩マッサージ指圧師などの職業訓練のコースを設けている学校もあります。

　さらに、高等学校卒業以上の人の職業教育課程（あん摩マッサージ指圧師・はり師・きゅう師など）のコースを高等部専攻科として設けている学校もあります。

　これらのすべてを備える学校と、小学部と中学部のみなど、学校により違いがあります。

　一クラスの定員は、幼稚部5名、小学部・中学部が6名、高等部は8名と定められています（重複障害の場合は異なる）。

　けれども、定員いっぱいに児童・生徒が在籍していることは、あまり多くなく、各学年1人か2人、あるいは1人もいない場合もあります。1章の三好さんも、松山の盲学校ではクラスメートがいませんでした。

　また、視覚障害だけではなくほかの障害を併せ有する子どもたちも数多くいます。障害の種類や程度は一人ひとり違うので、その児童・生徒に合わせた授業が行われています。

2章

昔からあるの？

　世界最初の盲学校は、1784年（日本では江戸時代後期）に、バランタン・アユイがフランスのパリで設立した「パリ訓盲院」とされています。

　日本ではフランスに100年遅れて、1878（明治11）年に京都で「京都盲啞院」が創立されたのが、最初といわれています。「盲」と「啞」、つまり視覚障害者と聴覚障害者、両方の生徒の学びの場でした。

　その後、盲・ろう学校が各地に設立されていきました。

どういう授業があるの？

　視覚特別支援学校の授業の特徴は、「自立活動」です。

39

内容は、「歩行指導」や点字を覚えること、日常生活が一人でできるようになることなどです。

「歩行指導」は、頭に地図を描（か）き、安全に歩く方法を学ぶ授業です。

　学校の授業等で「アイマスク」をつけていろいろな体験をしたことがある人もいることでしょう。それを思い出してください。まったく見えないと、自分がどちらを向いて立っているかも、よくわからなくなります。

　歩行指導では、方向などを理解し、自分のいる位置がわかるようになることから始めます。まず学校内や学校のまわりを、介助者（かいじょ）とともに歩き、さらに白杖（はくじょう）（60ページ参照）を使って一人で歩くという練習をします。中学部や高等部では、電車やバスに安全に乗車して、目的地に行くことなどをめざしています。

横山さん

中学・高校では、週に1、2時間ほど通行人の多い池袋（いけぶくろ）の駅などを歩く練習をしましたよ！

歩行指導のイメージ。生徒の後ろに指導者がつきます
筑波大学附属視覚特別支援学校提供

まわりに助けを求めることも大切

　困っているときに、まわりの人に助けを求めることも、たいへん重要なことです。そのため「援助依頼」の練習も授業として行います。

　具体的には、「一人で買い物をするとき、店員にお手伝いをお願いする」「駅の改札へ行き、駅員に乗り換えの案内をお願いする」などについて、教員を相手に練習し、そのあと実地でも行います。

点字学習や日常をサポートする道具や教材

　文字を読む・書くことでは「点字学習」（48ページ参照）のほか、弱視の児童・生徒は、文字などを大きく見るためのルーペ（63ページ参照）や遠くのものを見るための単眼鏡の使い方、拡大読書器（64ページ参照）の使い方などを学びます。

　日常生活を一人で行えるようにするカリキュラムでは、発達段階や習得度に応じて、自分で身支度をする、調理・洗濯・掃除・裁縫・買い物、パソコンの使い方などの授業があります。

　そのほか、もちろん一般の小中高等学校と同じ内容の授業もあります。教科書は、小学部から高等部まで、点字教科書、拡大教科書、一

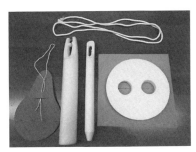

拡大裁縫道具
筑波大学附属視覚特別支援学校提供

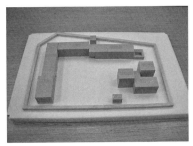

校舎立体模型
筑波大学附属視覚特別支援学校提供

般の教科書と、3種類のなかから視力によって選びます。一般の教科書の場合、ルーペや拡大読書器を使うこともあります。

また、授業では、できるだけ手指で触って理解できるように工夫されています。たとえば「手で見る地球儀」。地名が点字で書かれているのはもちろんですが、大陸が盛り上がっていて、取り外せるようになっています。

体育は、安全確保をしたうえで思い切って体を動かせるよう、さまざまな工夫がされています。たとえば、短距離走で、ゴールで鈴などの音を鳴らしてその音に向かって走るなどです。パラリンピック種目でもあるゴールボール（58ページ参照）や、フロアバレーボール（視覚障害者と健常者がいっしょにプレーできるように考え出された球技で、6人制バレーボールのルールを参考にしている）などの授業もあります。

学校行事もあるの？

体育祭、文化祭、修学旅行など、一般の学校で行う行事のほとんどが開催されています。

修学旅行などは、一般的な「見学」中心ではなく、展示品を手でふ

手で見る地球儀
筑波大学附属視覚特別支援学校提供

サメの顎を触って観察
筑波大学附属視覚特別支援学校提供

れることのできる博物館や、工芸品の製作などの体験学習中心の行程を選んでいます。

横山さん

　中学の修学旅行で、岩手県に震災学習に行きました。神社では、浸水したところで台座からずれた狛犬などがあり、ここまで水が来たんだ、と、胸に迫ってくるものがありました。

2章

三好さん

　高校の修学旅行で沖縄へ行きました。サンゴを特別にさわらせてもらったり、サトウキビをカマで切ったり、サーターアンダギーやゴーヤチャンプルーなどの沖縄料理をつくる体験もしました。おいしかったぁ！

課外授業で上野動物園を訪問

横山政輝さん提供

フロアバレーボールの練習

筑波大学附属視覚特別支援学校提供

寄宿舎ってどんなところ？

ルールを守って仲間と暮らす。
楽しい行事もたくさん！

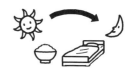

寄宿舎があるの？

　多くの視覚特別支援学校に、家が遠くて通えない児童・生徒のための寄宿舎があります。小学部、あるいは中学部から入寮できます。学校によって人数はまちまちですが、小学校1年生から職業教育課程に所属する大人まで、数人から数十人、ひとつ屋根の下で生活をします。

三好さん

> 　小学1年生から寄宿舎でした。入ったばかりのころは行事などがたくさんあって、寂しさを感じることはありませんでした。でも、2年生になって落ち着いてきたら、家に帰りたくなって、夜、布団の中で泣いたこともありました。でも、それはそのときだけで、寄宿舎生活は楽しかったですよ。

　部屋は、個室、2人部屋、3〜4人部屋、また和室、洋室と、学校によって違いがあります。そのほか、男女共用の食堂やプレールームなどもあります。もちろん、自習時間も設けられています。

三好さん

　高校1年生のときは、2人部屋でした。2、3年生のころは個室を利用していました。2人部屋では、弱視のなかでもわりと見えて、白杖を持たなくても歩ける人と、全盲の人が同じ部屋になっていました。火事などの災害時に、いっしょに避難できるようにするためだそうです。

横山さん

　僕は家から通っていましたが、生徒の半分は寄宿生でした。よく寄宿舎に遊びに行き、「点字トランプ」をやりましたよ。カードのすみに点字が打ってあり、何のカードかわかるようになっているんです。

寄宿舎の和室
筑波大学附属視覚特別支援学校提供

三好さん

高校の寄宿舎は規則がわりと厳しかったかも。食事の時間は決まっているし、門限もある。外出も、どのくらいの時間、誰と出かけるという届け出をしなくてはならない。

　考えてみたらあたりまえのことですが、15歳とか16歳ですからね、いちばん自由にしたいころなんですよね。

　廊下、お風呂、トイレ、食堂などの掃除当番もありました。掃除はある程度見える人と組んでやりました。

　当番のときは、用事があっても次の日に回すわけにはいきません。高校３年生のときは塾に通っていたので、夜遅くに塾から帰ってからやったこともあります。

広い食堂
筑波大学附属視覚特別支援学校提供

　寄宿舎独自のイベントも多く、歓迎会、夏祭り、クリスマス会などが開かれています。

三好さん

　高校1年生のとき寮で視野狭窄の人と話す機会がありました。
　私からすると、すごくよく見えている人なんです。一人でも出かけられるし、雑誌だって何だって読める。正直、うらやましいなと思ったことも。ほろ苦い思い出です。

2章

点字を知ろう

6個の点の組み合わせで
文字や符号を表す

慣れている人は両手で効率よく読む

　点字については、知らない人はいないでしょう。6個の盛り上がった小さな点を、指で読み取る文字です。

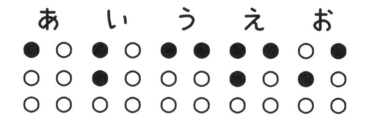

　点字は、六つの点がいっぺんに指先で感じ取れるような大きさになっています。それを、左から右へ、主に人差し指を使って読みます。

　しかし、慣れている人は、人差し指だけでなぞるのではなく、両手

48

の親指以外の指を全部、横に動かしながら読み取ります。右手の人差し指が読んでいる間に、右手の小指や薬指が行の終わりを察知し、左手は次の行の始まりで待機している、というふうに、両手を効率よく使っていて、晴眼者（せいがんしゃ）が本を読むのとそれほど違（ちが）わない速さで、読み終えることができます。

　点字を書く（打つ）には、「点字盤（ばん）」や「小型点字器」のほか、「点字タイプライター」などがあります。「点字盤（ばん）」で点字を打つときは、点の突起（とっき）の位置を、鏡で見たように反転させ、さらに右から左へと打たなければなりません。慣れればすいすい打てるようになります。「点字タイプライター」は、読み取るときと同じ向きで打てます。

点字を使う人は、多くはないって知ってる？

　点字を使っている人は、日本では視覚障害者の1割程度、約3万人

点字タイプライターと点字盤

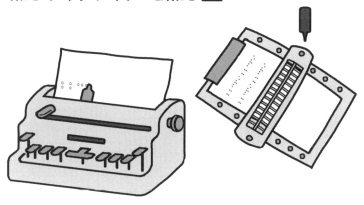

横山さん

　僕は、音声と拡大、両方を使っているので、点字はふだんあまり使いません。読めるし、点訳もできますが、一冊の点字本を読み通すことは、う〜ん、ほとんどないかなあ。

三好さん

　点字は、小学校1年生のときに盲学校で教えてもらいました。小さかったからか、覚えるのは楽しかったですよ。でも、点字が読めるかどうかは個人差がありました。

といわれています（「点訳フォーラム」ホームページ「視覚障害者の点字理解状況について」より）。

　点字は大切な文字ですので、視覚特別支援学校などでは点字学習の機会を必ず設けています。

　点字を覚える年齢は、小学生くらいがいいそうで、大人になってか

英語のテキストを点字本にしたもの

ら失明した人が覚えようとしても、なかなか難しいそうです。指先の感覚が、子どもよりも鈍くなっているせいといわれています。

　また、現在ではパソコンやスマートフォン、拡大読書器などの読み上げ機能（64ページ参照）を使って耳から情報を得る人が増えています。

点字の長所

　点字は墨字（紙などに印刷、または書かれた文字）と同じく、自分のペースで読める、読みたいところを何度も読める、などの長所があります。小説などをじっくり味わうには、点字が向いているといえるでしょう。

　点字は漢字がないため、墨字の本一冊を点訳すると、ページ数がたいへん多くなります。そのため、一冊が何巻にもなり、重たくなってしまうのが難点です。

三好さん

　50ページの写真は、点訳してもらったテキストです。

　点訳するとこんなに大きく、ぶ厚くなってしまうんです！　すみに原本でのページ数、行数が示してあって、授業で「何ページの何行目」と指示があっても、探しやすくなっています。

点字はこうして生まれた

　点字を考え出したのは、フランスのルイ・ブライユです。ルイは1809年生まれ。幼いころの目のけがが原因で、失明しました。

　10歳でパリの盲学校に入学したルイは、「凸字」に出合います。これは、アルファベットの形に紙を浮き上がらせたものです。

　しかし、一文字一文字をさぐって形を把握するのですから、時間がかかります。また、読むことはできても、自分で書くことはできません。

　次にルイが出合ったのは、シャルル・バルビエという軍人が考え出した、12個の点を使った点字でした。凸字よりも速く読み取ることができ、ルイたちは大喜びでした。

　けれど、これにも欠点がありました。フランス語の発音を基に点字をつくったため、発音とスペルが違う言葉は表記できません。また、点の数が12個もあるので、一本の指先に入りきらず、さっと読み取ることができない、句読点がなく区切りがわからない、数字もない、などの問題もありました。

　もっと便利なものができないだろうか──ルイの研究が始まりました。授業が終わってから毎晩遅くまで試作を続け、ついにわずか15歳のとき、点6個だけで表現できる「六点点字」を編み出したのです。

　ルイはその後、盲学校の先生になりましたが、点字の研究をさらに続けていきました。音楽の楽譜の点字の表記法を生み出したのも、彼の功績です。

フランスの点字をお手本に日本でも誕生

　日本でも、視覚障害者のための最初の文字は、平仮名、片仮名、漢字などを凸字にしたものでした。日本で最初の盲学校といわれる京都盲唖院などで使用していたそうです。やはり読み取るのに時間がかかり、子どもたちは苦労して読んでいました。

　1886年に東京盲唖学校（筑波大学付属視覚特別支援学校の前身）に就任した小西信八（後に校長）が、ルイ・ブライユの点字と出合いました。これはすばらしい、と感激した彼は、この方法で日本語の点字をつくりたい、生徒たちがすらすらと読めるようにしてやりたい、と強く願いました。

　そこで、同校の教師、石川倉次に依頼しました。石川倉次は、ほかの教師や視覚障害のある生徒とともに、何年もの間研究を重ねました。アルファベットは26文字ですが、日本語は50音もあり、さらに濁音や半濁音があるので、点字にするのは難しいことでした。

　それでも、ついに1890年11月1日、石川倉次の翻案した点字が日本点字として決定されました。この日は、日本点字制定記念日となっています。

2章

東京都新宿区にある点字図書館

日本点字図書館提供

点字図書館が全国にあるって知ってる?

　こうして点字が生まれ、広がり、今では公共図書館に点字の本が置かれています。

　さらに、点字の書物を専門に貸し出しする点字図書館もあります。現在、全国に84館設立され、各都道府県には必ず１カ所以上あります。

　日本ではじめての本格的な点字図書館は、1940（昭和15）年に設立された「日本盲人図書館」です。その後「日本点字図書館」と名称を変え、日本の点字図書館の中心的な存在となっています。
「サピエ」というサービスもあります。視覚障害のある人などにさまざまな情報を提供するネットワークです。リクエストにより、全国の点字図書館などの点字図書や、音声を録音した図書を利用できます。

点字本をつくるには?

　点字に表記することを「点訳」といいます。点訳は、長い間点字盤や点字タイプライターが使われていました。

　今ではほとんどパソコンが使用されています。「点訳ソフト」をパソコンに入れ、入力する方法です。

　パソコン使用といっても、一文字ずつ入力するわけですから、たいへん時間がかかり、また正確な技術が求められます。原本を正しく読み、一文字一文字点字に置き換えるには、漢字や熟語、日本語の言い回しや、人名・地名などに対する深い知識も必要です。

　できあがった点字データは、点字プリンターで紙に打ち出されます。しかし、このような最新機器を使っても、一冊の本を点訳するの

図表　点字図書ができるまで

1　本を選ぶ
利用者のリクエストなどから、点字図書にふさわしい本を選ぶ。

2　点字の入力
パソコンを使って入力。点訳用のソフトウェアを使用し、パソコンのキーボードの六つのキーを、点字の六つの点に当てはめて入力。何度も読み直し、入力ミスを修正。

3　印刷
点字用のプリンタで印刷する。

4　製本する
点字プリンタで使用する紙は上下がつながった長い用紙。そのため、専用のカッターで1枚ずつ切り離し、バインダーに綴じる。バインダーの背に、書名や著者名などを記したラベル（点字と墨字の両方）を貼って、完成。

2章

には、数カ月から1年以上、平均して1年ほどかかります。

　点訳は、昔も今も、多くの点訳ボランティアの人たちの手によるものです。

パラスポーツ (障害者スポーツ) を楽しもう

始まりはリハビリから。
今や魅力満載の障害者スポーツ！

障害者スポーツはリハビリから始まった

　障害者スポーツは、けがをした人のリハビリテーションの方法として、イギリスのルードヴィヒ・グットマン博士が始めたといわれています。彼は「ストーク・マンデビル」という病院の医師でした。

　そのころは、第二次世界大戦で負傷して車いす生活となった人が多く、博士は彼らにバスケットボールやアーチェリーなど、車いすのまま楽しめるスポーツを勧めました。すると体力がついて気持ちも前向きになるという効果が認められました。

　1948年、グットマン博士は、第14回ロンドンオリンピックの開会に合わせて、病院内でアーチェリー大会を開きました。出場者は車いす使用者16名のみでしたが、これがパラリンピックの始まりとなりました。大会は毎年開催されるようになり、1952年にはオランダのチームが参加したことにより、「第1回国際ストーク・マンデビル競技大会」という名称になりました。

　1960年には、4年に一度、オリンピックの開催国で、オリンピック閉会後に大会を開く、と決まりました。その年のローマオリンピックのあとに「第9回国際ストーク・マンデビル競技大会」が開催され、それがのちに「第1回パラリンピック」と呼ばれるようになりました。このときは、23カ国、400人の選手が参加しました。

「トーキョー」が第2回目って知ってる？

　第2回目の大会は、1964年、東京で開催されました。
　東京大会開催のために力を尽くしたのは、大分県国立別府病院（現在の国立病院機構別府医療センター）の中村 裕 博士です。イギリスの病院を視察したときにグットマン教授に出会い、帰国後日本ではじめて、車いす患者のリハビリテーションにスポーツを取り入れました。東京大会は、彼の熱心な呼びかけにより、東京オリンピックの直後の開催が実現しました。

　このときは二部制で、第一部はこれまで同様、車いすの選手たちによる大会、第二部は日本国内の選手を中心とした、いろいろな身体障害のある選手の大会となりました。また、この東京大会ではじめて、「パラリンピック」という名称が使われました。

　当時は車いすの選手が中心だったので、英語で下半身まひを意味する「paraplegia（パラプレジア）」と「Olympic（オリンピック）」をあわせて「Paralympic（パラリンピック）」という名称でした。その後、さまざまな障害のある選手が出場するようになったため、「parallel（もうひとつの）Olympic（オリンピック）」という意味として、定着しています。

　1976年には冬季大会が始まり、第1回目はスウェーデン・エン

シェルツヴィークで開催されました。

パラスポーツは「スポーツ」です！

　2021年開催の東京2020夏季パラリンピックでは、161の国と地域、それに難民選手団を合わせて4403人の選手が参加。過去最多となりました。22の競技が行われ、そのなかで視覚障害者の競技は、陸上、トライアスロン、水泳、柔道、タンデム自転車（前に晴眼者、後ろに視覚障害のある人が乗る二人乗り）、ゴールボール、5人制サッカー（ブラインドサッカー）、ボート、馬術の9競技でした。

　このなかで、視覚障害者独自の競技がゴールボールです。3人で1チームとなり、2チームが対戦します。鈴の入ったボールを転がすように投げ合い、相手ゴールにボールを入れて得点を競うゲームです。コート内の各ラインには、触ってわかるように凸線になっています。

　試合中は、観客はもちろん、ベンチにいる監督やコーチも、声を出すことはできません。選手は、鈴の音や床の振動や気配など、視覚以外のすべての感覚を使ってプレーします。

　東京2020パラリンピックでは、日本は金13、銀15、銅23の計51個のメダルを獲得、そのうち12個のメダルが、視覚障害の選手によるものでした。なかでも、女子マラソンの道下美里選手は、2016年リオデジャネイロパラリンピックで銀メダルを、東京2020パラリンピックではパラリンピック新記録で金メダルを獲得しました。

　水泳の木村敬一選手は、北京、ロンドン、リオデジャネイロ、東京と、四度のパラリンピックに出場。東京大会での金、銀の二つを含めて、これまでに金銀銅合わせて8個のメダルを獲得しています。

　2022年の北京冬季パラリンピックでは、46の国・地域から564人

が参加し、アルペンスキー、スノーボード、クロスカントリース
キー、車いすカーリング、アイスホッケー、バイアスロンの６競技が
行われました。そのなかで、視覚障害者の競技は、アルペンスキー、
クロスカントリースキー、バイアスロンの三つでした。この大会で、
日本は金４、銀１、銅２、合計７個のメダルを獲得しました。

　日本では、夏季東京大会を２回（1964年、2021年）、冬季長野大
会（1998年）、合計３回の開催を経て、パラスポーツはすっかり定
着したといえるでしょう。

　障害者スポーツが始まった当初は、「障害者を見世物扱いするのか」
などの声もあったようです。また「障害があるのにがんばっているん
だ！」という見方も根強くあります。

　けれど、今や純粋にスポーツ競技としてのおもしろさや感動を、
たっぷり味わえるようになってきました。見えているとしか思えない
ゴールボールやブラインドサッカーの妙技、伴走者ときずな（障害者
ランナーと伴走者をつなぐロープ）を握り合い一体となって走る視覚
障害者マラソン、ぶつかり合いが迫力を生む車いすバスケット、華麗
な動きが魅力的な車いすテニスなど、例をあげるときりがありません。

　これらのパラスポーツを、おおいに楽しんで観戦しましょう。

 メダルのくぼみ

　東京2020パラリンピックのメダルには、表面に点字で
「Tokyo2020」と記され、側面には小さな丸いくぼみがつ
いています。金が一つ、銀が二つ、銅が三つ。視覚障害のあ
る選手が、ふれてわかるように作られています。

白杖はもちろん、日常生活に欠かせない便利な最新機器も

　視覚障害のある人の持ち物と聞いて、どんなものを思い出しますか。長くて細い白い杖（つえ）？　目にかけているサングラス？　そのほかにも、実はたくさんの機器を日常で使いこなしています。いくつか具体的に見ていきましょう。

❖ 身体障害者手帳

　身体の機能に一定以上の障害があると認められた人に、自治体から交付される手帳です。この手帳があると、交付を受けた本人と保護者、家族に対し、税金へのさまざまな控除（こうじょ）や、福祉（ふくし）サービスが受けられます。

❖ 白杖（はくじょう）（盲人（もうじん）安全杖（つえ））

　軽くてしなやかなグラスファイバーやカーボン製のもの、折りたたみ式でカバンに入れられるものなど、いろいろな種類があります。
　道路交通法第十四条に「目が見えない者（目が見えない者に準ずる

者を含む。以下同じ。）は、道路を通行するときは、政令で定めるつえを携え、又は政令で定める盲導犬を連れていなければならない。」と定められています。

　つまり、視覚障害のある人は、白い杖を持ち歩くか、盲導犬を連れていなくてはならないということです。

足元を確かめる白杖だけれど

　白杖の役割は、杖を地面に突くことで、路面がどういう状態であるのかを察し、また杖を左右に動かすことで、まわりに障害物がないか、段差がないかなどを確かめることなどです。

　また、白杖は車の運転手に気付いてもらいやすいこと、それから地面に杖の先が当たる「カッカッカッ」という音で、まわりの人に「視覚障害のある人が歩いているんだな」と注意をうながす意味もあります。さらに、音の広がり方や反響により、どんな空間であるかを認識する手がかりにもなります。あんなに大きな音を立てなくても……などとは、決して思わないでください。

外出するときは白杖を使います

三好さん

私の杖は引っ張って伸ばすタイプ。全長は115cmで、身長に合わせてあります。軽くて扱いやすいですよ！　使わないときは短くして専用のケースに入れておきます。
　杖のシャフト（本体）には、赤い反射テープが巻かれています。杖の先端は石突と呼ばれています。すり減るのが速いんです。アスファルトや階段を毎日突いていますから。

横山さん

僕の杖は、実は青色。青を白に見せるためにテープでデコってあるんです。イギリス旅行のときに現地で買ってきました。イギリスでも視覚障害者の杖は原則として白なんですが、ほかの色も認められていて、かっこいいんです。
　僕は、白杖ファッションリーダーをめざしています（笑）。

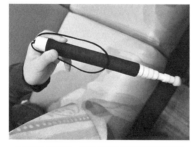

三好さんの白杖。使わないときは短く縮めます

横山さんの"青い"白杖

けれど、白杖にも限界があります。足のまわりで動かすため、高い位置にある物には、気付くことができません。突き出ている木の枝、軒先からつるした看板、駐車している車のミラーなど危ないものはたくさんあります。駅などで階段の裏側がむき出しになっているところでは、頭をぶつける危険があります。

❖ 遮光めがね

サングラスに見えますが、特定の波長をカットした遮光めがねです。光に敏感で、明るい場所でまぶしく感じる羞明の人などが、眼の保護のために使用します。

❖ ルーペや単眼鏡

弱視の人が文字などをルーペで拡大して読みます。単眼鏡は遠くのものを見るときに使います。

横山さん

ルーペは、実は拡大率はそれほど大きくないんです。あまり大きくしちゃうと、文字をひとつずつしか見られなくなり、文章として読めなくなりますから。

ライトつきルーペ
筑波大学附属視覚特別支援学校提供

❖ 拡大読書器

　本などを拡大してディスプレーに表示します。机に置いて使用する大きなもの、持ち運びのできる小型のものもあります。白い画面では見えにくい人のために、画面の白黒を反転させ、黒い画面に白い文字を映すこともできます。

　本などを読み上げる音声機能を備えたものもあります。

❖ スクリーンリーダー（読み上げ機能）

　パソコンやスマホの画面に表示されているものを、音声で読み上げてくれる機能です。読み上げる速さを調節できるので、二倍速や三倍速で聞くこともできます。

三好さん

　パソコンやスマホでインターネット検索をするときは、タイトルだけをぴょんぴょん飛んで読みあげてくれる機能を使っています。

　メールやSNS画面も音声で聞きます。読み上げるスピードは、すごく速くしています。でないと目を使ってやりとりする人のスピードについていけませんから。

横山さん

　大学ではスライドなども音声データ化してもらえます。でも、音声だと前に戻って確認したいとき、その部分を探すのに時間がかかるかな。

❖ 点字携帯情報端末

小型で、点字の配列のキーがあり、指で点字に相当するキーを押すと、点字表示部分のピンが浮き上がり、点字が表示されます（ブレイルメモ）。持ち運びができるので、授業など、人の話を聞きながらメモを取ることができます。

最新機器では、パソコンと接続すると、パソコン画面に表示されている内容が点字に変換され表示されるものもあります。精華version、ブレイルメモスマート、ブレイルセンスなど、使いやすく便利な機能が備わっている機器が増えています。

三好さん

> パソコンでレポートなどを書くときは、音声機能を使いながら、ふつうにローマ字打ちで、タイピングしています。漢字変換は、たとえば、「三好里奈」だったら、「漢数字の三、好奇心の好、ふるさとの里、奈良県の奈」とパソコンが読みあげるので、正しいことを確認して、エンターキーを押すというやり方です。

2章

パソコン画面上の文章は音声で読み上げ

横山さん

　視覚障害者用の各種アプリは便利ですが、使いづらいものも多いんです。

　たとえばタブレットでは、弱視者でも見やすいように背景の色と文字の色を反転させることができます。白いよりは黒いほうが見えやすいので。

　でも、場合によっては、そうすると微妙に色が変わってかえって見えにくくなることもあります。

　また、スマホのGPS機能で、音声で道案内をしてくれるアプリがありますが、自分の立っている位置を逆向きに感知されてしまうことも。そうなると、反対方向に案内されてしまうんですよ。

点字携帯情報端末。精華version（左）とブレイルメモ（右）

横山さん

　パソコンなどは変化が急で困っています。

　よくあるのは、いろいろ覚えて使いこなせるようになった機能が、アップデートのたびにリセットされて、がらっと変わってしまうこと。それまでに必死で覚えたのに、なんと、いちからやり直しになっちゃうんです。

　前のパターンを継承（けいしょう）して、原型を留めた形のアップデートにしてくれ〜とお願いしたくなります（笑）。

2章

三好さん

　視覚障害者が使う機器の最新情報は、需要（じゅよう）が少ないから拡散することも少なくて、キャッチするのが難しいんです。

　親しい人や周囲から口コミで伝わってくることもあります。

　新しい情報をいかに早く得るかで、生活や勉強の便利さが大違（おおちが）いですよ。

パートナー！　盲導犬

行きたいところへ
安全に歩けるよう
働く

　盲導犬については、多くのノンフィクション物語が出版されています。読んだことのある人もいることでしょう。

　イタリアの古代都市ポンペイの遺跡の壁画には、杖で歩く人が犬を連れている絵が描かれています。盲導犬のような役割を果たしていたかどうかは、はっきりとはわかりませんが、犬が太古から人間のよきパートナーであったのは、間違いないでしょう。

戦争がきっかけだったって知ってる？

　本格的に盲導犬の育成が始まったのは、第一次世界大戦中のドイツです。戦争で失明した兵士のためでした。1916（大正5）年には、世界ではじめての盲導犬訓練学校が設立されました。

　日本に盲導犬が入ってきたのは、1939年のこと。4頭のジャーマン・シェパードがやってきました。ドイツ同様、戦争で失明した兵士のためでした。

　日本で育成した盲導犬が現れたのは、1957年です。その後1960年代になると、育成が本格的になっていきました。

　2022年現在、800頭以上の盲導犬が活躍しています（2022年厚生労働省調べ）。しかし、盲導犬を希望している視覚障害者は多く、盲導犬が来るまでに１年以上待たされるのがあたりまえとなっています。

どんな犬が、どんな訓練をしているの？

　盲導犬は、ラブラドール・レトリバーやゴールデン・レトリバー、そしてそれらのミックス犬が多く、どれも大型犬です。人と同じ速さで歩けること、危険があるときには、体全体でユーザー（盲導犬を使う視覚障害のある人）を止める必要があるためです。

　訓練は、１歳２カ月から１歳半くらいの時期から、犬の訓練士により始められ、４カ月から１年弱、続きます。

　訓練には「服従訓練」と「誘導訓練」があります。

「服従訓練」は、人の指示にすぐに従うことで、座る、待つ、伏せる、呼ばれたらただちにユーザーのところへ行く、などがあります。

「誘導訓練」では、ハーネスを体に装着し、段差を教える、障害物をよける、横断歩道や踏切を渡る、電車やバスの乗り降りなどを行います。

盲導犬はやっぱり頭がいい！

　盲導犬は、ユーザーが行きたいところへ安全に歩けるよう、道路の段差や角で止まる、階段やドアまでを誘導する、路上に止められた自

2章

転車や置かれた荷物などをよけて進むなどの仕事をします。

　ただし、盲導犬が行き先までの道案内をしてくれるわけではありません。どちらに進むかを決めるのはあくまでもユーザーであり、「Straight go」（まっすぐ進んで）などの指示を出します。

　しかし、その方向に車が近づいていたり、大きな障害物があったりして、危険だと盲導犬自身が判断したときは、ユーザーの指示に従わない場合もあります。つまり、盲導犬が判断するわけです。「利口な不服従」といわれ、もっとも難しい盲導犬の仕事です。

　また、信号が青になったら交差点を渡る、ということもできるように見えますが、実際には犬は色を識別できません。判断するのは、主

に自動車の走行音です。左右に流れていた音が変わり、方向が変わったことなどから、安全と判断して進んでいます。

待つのも大事な仕事です

　もうひとつの盲導犬の大きな仕事は、「ステイ」（待つこと）。ユーザーの仕事先や外出先で、盲導犬は長時間、ユーザーの用がすむのを、じっと待っています。また、ユーザーが電車やバスに乗っている最中も、到着駅などに着くまで、人混みの中で待っていなければなりません。場合によっては数時間以上になることもあります。吠えず、動かず、食べ物の匂いがする場所でも欲しがらず。待つのはとても重要な仕事です。

見かける盲導犬は仕事中

　2002年、「身体障害者補助犬法」という法律ができました。これにより、公共施設や公共の交通機関、商業施設、病院、飲食店、ホテルや企業などにも、盲導犬、聴導犬、介助犬とともに入ることが認められました。

　これら補助犬を見かけても、声をかけたり、なでたり、食べ物を与えたりしてはいけません。大切な任務中の犬である、ということを忘れないでください。

3章

聴覚障害のある人の
世界と文化

自分の声が
聞こえないのは
どんな世界か

1章でふれましたが、ろう者は、自分の声が聞こえません。目をつぶったまま、文字や絵が書けるでしょうか？　想像してみてください。耳も同じことです。

聴覚障害があると、なぜしゃべれないの？

聞こえないと、声を発することができても、それを「言葉」としてコントロールすることができないため、話をすることは困難になります。

訓練によりある程度話ができるようになる人もいますが、個人差がたいへん大きいのです。また、正確に聞き分けることが難しいので、自分が話すときも、正確ではっきりした発音をすることが苦手となります。特に、「さしすせそ」は発音しにくい音といわれています。

聴覚に障害があるかどうかは、見た目からはわかりません。そのため、聞こえていると思われ、困ることも。

そのほかにも多くの不便なことがあります。

自分の障害を、いちいち説明することが多い

話をする必要があるときは、「私は耳が聞こえません。筆談をお願いします」ということを、相手が変わるたびにあらためて伝えなければなりません。

自分の障害をそのつど他人に伝えることに、抵抗を感じる人も多いでしょう。相手の反応も、「それは大変ですね」と過剰(かじょう)に気の毒そうにする人や、差別的な態度をとる人もいるかもしれません。傷つくことは多いのではないかと思います。

石川さん

子どものころ、家族全員がろう者なので、買い物や飲食店で、店の人とのコミュニケーションで困りました。ろう者でも楽に注文ができる配慮(はいりょ)、たとえばいろいろな質問が書き出されていて、あるいはタッチパネルが用意されていて、指で示すことができたら、と思います。

3章

話しかけられても気がつかない

相手の表情や口の動きが見えないときや、後ろから声をかけられたときは、話しかけられているのかどうかわかりません。病院などで診察(しんさつ)を待っているときなど、呼ばれても気がつかないことがあります。

緊急事態が起きてもわからない！ 連絡できない！

　電車やバスが緊急事態で停止し、車内アナウンスがあっても、何が起きたのかわかりません。また、非常ベルが鳴ったり、火災で消防車がサイレンを鳴らしてやってきても、気がつかない危険性があります。補聴器を使っている人は、夜眠るときははずしますので、夜間の危険性は同じです。また、自分が事故や事件にあっても、電話で救急車やパトカーを呼ぶことができません。

石川さん

> ろう者には電車、バスなどの中での車内放送が聞こえません。心がけているのは、ホームの電光掲示板や電車内の案内表示を常に見ること。どんな小さな情報でも、収集するようにしています。緊急時には、もっと多くの情報を表示してくれたらいいのになあと思います。

聞き間違いが多い

　似ている音の言葉はよく聞き取れず、聞き間違いをしがちです。たとえば、「箱とタコ」「あんことはんこ」などです。

　不便であることとは違いますが、理解しておきたいのは、聴覚障害のある人がたてる音について。ドアの開け閉め、足音、物をテーブルや床に置くときの音など、大きな音になってしまうことがあります。決してマナーが悪いわけではありません。

自分の耳も他人事ではない

　聴覚障害は他人事ではありません。誰でも難聴の危険があります。それは、大きな音を聞き続けた場合です。大音量の音楽をイヤホンで聞き続ける、職場などで大きな騒音に長時間さらされるなどは聴力低下の原因となります。

　次のページからは、聴覚に障害のある人の暮らしと文化について、特別支援学校のこと、手話、聴導犬のことなどを、見ていきましょう。

3章

聴覚特別支援学校を知ろう

手話や口話を使って
学んでいく

どんなところ？

　１章に登場した石川剛己さんは、聴覚特別支援学校の出身です。

　聴覚特別支援学校は、全国に85校あり、視覚特別支援学校と同じく、各都道府県に１校（ない県もある）、多いところでは６校（北海道、東京都）が設置されています。幼稚部から高等部まで合わせて5000人ほどが学んでいます（2020年度、文部科学省調べ。重複障害者と重複障害支援学校を除く）。

　聴覚特別支援学校には、幼稚部・小学部・中学部・高等部があります。高等部には、普通科のほかに造形芸術科、ビジネス情報科、産業工芸科、機械科などの専攻を設けている学校が多く、さらに、高等学校卒業以上を対象に、機械科、ビジネス情報科、歯科技工科など職業訓練としての専攻科のある学校もあります。

　これらのうちのすべてを備える学校と、小学部と中学部のみの学校など、各学校により違いがあります。

　一クラスの定員は、幼稚部が５名、小学部・中学部が６名、高等部は８名と定められています。

　また、家から通学できない生徒のために、寄宿舎があるのも、視覚特別支援学校と同じです。

昔からあるの?

　世界最初のろう学校は、1750年ごろ、フランス・パリでシャルル・ミシェル・ド・レペーという聖職者が、自宅に聴覚障害のある子どもたちを集めて開いたのが始まりといわれています。

　ド・レペーは、この学校で手話を確立させたことでも知られています。

　日本では1878（明治11）年に、京都盲唖院が設立され、はじめての視覚・聴覚障害者両方の学びの場となりました。

学校の先生は、どうやって授業をするの?

　先生は全員、手話を使います。口話（声に出して話す）と手話、両方を使う先生もいます。補聴器に直接声を届ける「FM補聴システ

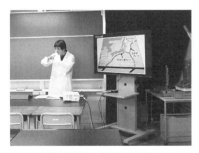

理科（地学）の授業をする先生

生徒は手話で質問

3章

79

ム」を使っている学校もあります。先生方は、できるだけ生徒の目に見える形の教材を準備して、授業を行っています。

　机は、クラスメートの手話が見えやすいように、横ならびや半円形に並べています。

どんな授業があるの？

　一般の学校と同じ教科のほかに、視覚特別支援学校同様に「自立活動」があります。

　内容は、手話の練習、発音・発語学習（声を出す練習）や、音や言葉の聞き取りや聞き分けなどの「聞こえ」に関する学習、日本語の文法や語句、慣用句の学習などです。また、指差しや身振りや筆談などもコミュニケーション手段であるので、いろいろな方法でまわりの人とコミュニケーションをとることの重要性なども学習していきます。

　生まれつき耳が聞こえないと、声や音があるということがわかりません。声を出す練習では、指導者がまず声を出し、のどに触らせます。のどがふるえていることを手で感じてもらい、声というものを認識してもらうのです。それから、息をはくときに声が出るよう、練習します。声が出るようになったら、「あ」はこの口の形、「い」はこの

理科の授業。指名された生徒は手話で発表

形、と口の形ひとつずつを覚えこんでいき、合わせて息のはき方、舌
の動かし方を学んでいきます。

　しかし、すぐに発声、発音できるようになるのではありません。た
いへんな努力が必要です。無理強いするのではなく、生徒の障害の程
度に応じての訓練となります。

　また、耳の仕組みなどを学び、自分たちの障害のことを理解するた
めの授業もあります。

授業の始まりと終わり

　聴覚特別支援学校には、授業の始まりと終わりを知らせるライトが
あります。廊下の天井など何カ所かに設置されていて、チャイムが鳴
ると同時に点灯します。

石川さん

> ちなみに、大宮ろう学園にあるライトは、緑が
> 授業の始まり、赤が授業の終わりです。

3章

廊下にあるチャイム代わりのライト
埼玉県立特別支援学校大宮ろう学園提供

目で見てわかるように

　ほかにも学校内には目で見てわかるようにいろいろなものがあります。

　たとえば、階段の踊り場や廊下と廊下が交差する場所には、上部の壁に鏡が設置されています。道路にあるカーブミラーのような凸面鏡で、広い範囲が映るため、足音が聞こえなくても、階段を自分の方に進んでくる人や、廊下の向こうから来る人に気づくことができます。衝突防止に役立っています。

　また、学校の備品をしまってある棚には、中に何がしまってあるのか写真を貼ったり、正面の扉をガラス製にして内部がひとめ見てわかるようにしています。

学校行事もあるの？

　体育祭、文化祭、遠足、修学旅行など、一般の学校で行う行事のほとんどがあります。

階段の踊り場にあるミラー

石川さん

部活も活発です。

僕は野球が大好きなので、中学時代から野球部です。中学生・高校生合同のチームで中学2年生の途中からレギュラーでした。

大会では先輩に負けないようがんばって試合に出ました。うれしかったですね。

高校でも野球を続け、大学も野球部。教師になった今も野球部の監督をしています。

3章

今日の給食のメニューはみんなに人気のカレー

83

寄宿舎ってどんなところ?

**洗濯や掃除も自分で行い
みんなで協力して生活**

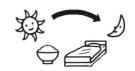

寄宿舎があるの?

　2章で紹介した視覚特別支援学校のように、家が遠くて通えない児童・生徒のための寄宿舎があります。小学部や中学部から入寮できます。洗濯や掃除を自分で行って生活力をつけ、同室の仲間や寮のみんなとルールを守って暮らします。

　充実したイベントで寄宿生同士のコミュニケーションが深まるのも寄宿舎ならでは。歓迎会、交流会、季節の行事やお祝い会などが多く開かれています。

石川さん

　洗濯を自分でして、服もたたむ、掃除もする。実は僕はこういうことは、これまで全部、親任せでした。
　寄宿生活を始めてから、えっ、そうなんだ!とはじめて知ることばかり。びっくりでした。

石川さん

> ある夜のこと、遅くなってから、勉強していた生徒だけが集まって、「息抜きしようぜ」ということになりました。寄宿舎を抜け出して、真っ暗な校舎内を歩き回って肝試しをしたんです。楽しい思い出です。

　部屋は、個室、２人部屋、３〜４人部屋などがあり、和室に洋室と、学校によってさまざまです。複数人で利用する広い浴室や洗濯室、食堂やプレールームなどがあります。

　聴覚特別支援学校の寄宿舎の特色として、非常時の対策があげられます。児童・生徒には、非常ベルや火災報知機などの音は聞こえません。そのため、多くの寄宿舎でフラッシュランプ・赤色回転灯などが備えられています。また、就寝中に非常事態が起こったときのために、枕の下に入れる非常時バイブレーターなどの防災設備を備えている寄宿舎もあります。

3章

数人で利用できるお風呂や洗濯機

手話は正式な言語

手や指、顔の表情で
表現して相手に伝える

手話が禁止されていた時代があった!!

　現在では、聴覚障害者のコミュニケーションとして、手話が大きな割合を占めています。

　手話をはじめて学校教育で使ったのは、1750年ごろ、世界初のろう学校の設立者（79ページ参照）であるフランスのシャルル・ミシェル・ド・レペーという聖職者といわれています。手話はド・レペー自身が考えたのではなく、当時のフランスのろう者から手話を学び、聞こえない子どもたちに教えた、とのことです。

　しかしその後、手話は悲しい歴史をたどりました。1880年以降、世界各国で「口話」の教育が始まったのです。きっかけは、イタリアのミラノで開催された「第2回ろう教育国際会議」において、「口話法は手話法よりもすぐれている」と決議されたことによります。口話は、文字通り口を使い声を出して会話することです。この会議で、ろう者は声を出す訓練をして、声を使って話をするべき、と決められて

しまったのです。

　1933年、日本でも当時の文部大臣が口話法を奨励しました。それ以降日本でも多くのろう学校で、「読話」と「口話」が奨励されました。「読話」は、話し手の唇の動きをよく見て、また話しているときの表情から、話の内容を読み取る方法です。

　しかし、これらの動きには、聴覚障害のある人の意志や考えは、まったく入っていません。健聴者側の都合で決められた、一方的なものでした。

　手話は口話の習得を妨げるものとして、禁止されました。その後50年以上、手話を使うことが罪悪であるように思われた時代が続きました。聴覚障害のある人にとっては、たいへん辛い時期だったことでしょう。聴覚特別支援学校では、休み時間であっても、手話が禁止されていたといいます。手話を使っているところを見つけられると、罰が与えられたというのですから、ひどい時代でした。

　手話が見直されたのは、1990年代に入ってからのことでした。「手話を禁止することが正しいことか」が議論されるようになり、聴覚障害のある人たちが、学校で手話を使えるようにしてほしいと、各地で訴えたのです。

　その努力が実り、2009年、文部科学省は学習指導要領に手話を取り入れることを決定しました。そして、ついに2011年、障害者基本法で、「手話は言語である」と定められました。手話は、一部の障害者の「身振り手振りでのコミュニケーション」ではなく、正式な言語であると認められたのです。

3章

読話、口話は誰のため？

　現在では、手話のみを使う人、読話、口話、手話をあわせて使う人など、自身の聞こえ方に応じていろいろなコミュニケーション方法がとられています。

　では、読話と口話は、聴覚障害のある人にとって、習得しやすい方法なのでしょうか。

　読話は、どれだけ訓練しても、相手の唇と表情からでは、会話の半分以下しか理解できないという声もあります。その分、勘を働かせ、聴覚以外の五感をフル活用し、相手の表情とともに体全体の動き、さらにはその人とのこれまでの会話やかかわりを思い出し、今、何の話をしているのかを推理しながら理解しているそうです。たいへんな集中力が必要でしょう。

　また、口話のための発音・発声練習は、何年もかかります。ろう者なのか難聴者なのか、また障害が現れたのが先天的か後天的かによっても、口話ができるようになるかに差が出ます。つまり、自分の声が聞こえるかどうか、または聞こえていた時期があったか、によって違いがあるということです。

　訓練の結果、口話を身につけたとしても、健聴者と声で会話することを楽しいと感じるかどうか？　うまくしゃべれているのかどうか不安を感じながら、緊張して話をしている人のほうが多いのでは。

　なかには、聞き取りやすい話し方を身につけた人もいて、とても障害があるように感じられないこともあります。けれども、話すことはできても、クリアに聞こえているわけではないのです。話せるなら聞こえているはずだ、と相手に思いこまれ、どんどん話しかけられて困ってしまう人も少なくありません。

　読話や口話により健聴者とコミュニケーションをしている聴覚障害者は、自身は聞こえない、聞こえにくいのに、「手話のできない健聴者のために」努力して声を出してくれている、といえるでしょう。そのことを決して忘れないようにしたいものです。

　声で話しかけることは、慎重にしましょう。相手の口話を無理強いすることにつながりかねません。

手話の特徴

　日本語対応の手話は、日本語の語法とは大きく違っています。まず、単語の数が日本語よりもずっと少なく、8000語程度といわれています。それに対し、日本語は約50万語。

　さらに、手話では「が・を・と・に・で・や・も」といった助詞がありません。

　この差を埋めるために、手話では、顔の表情やアイコンタクトも重

3章

枕をおろす動作　＋　あいさつの動作　＝「おはよう」

時計が正午を示す動作　あいさつの動作　＝「こんにちは」

要です。手話だけでは伝えきれないニュアンスを、表情と目線で補っているのです。そのため、手話で話す人は表情がたいへん豊かで、アイコンタクトもすぐれているといえます。

手話って世界共通？

　残念ながら、世界共通ではありません。世界には120程度の手話があるといわれています。同じ日本語の手話でも、「方言」による違いもあります。

　しかし、ろう者が国際交流をするときに、公式に用いるためにつくられた「国際手話」というものがあります。各国の手話を基につくられています。

石川さん

> アジアの手話は、わりと似ているようです。韓国旅行に行ったときに耳の聞こえない方と会ったのですが、手話が似ているので、ふつうにコミュニケーションがとれましたよ。楽しい思い出です。

手話の専門家って、いるの？

「手話通訳士」が、手話の専門家といえます。聴力障害者文化センター主催の手話通訳技能認定試験に合格した、公的資格をもつ人です。全国で4000人弱が登録されています（2022年、社会福祉法人聴力障害者文化センター調べ）。選挙のときの政見放送では、かならず手話通訳があり、手話通訳士が活躍しています。

　手話通訳は、手話を覚えていればできる、というものではありません。手話使用者の目線や表情をきちんととらえ、それを含めて手話を口話（こうわ）に訳します。反対に口話（こうわ）を手話にするときも、やはり目線と表情をフル活用して、手話を補います。いずれにしても、日本語に精通していることが必要となります。

指文字というのもあるの？

　指文字は、日本語のひとつの音を、指の形で表す文字です。
　固有名詞や、手話ではわかりにくい言葉を表すときに使います。

指文字

3章

91

デフリンピックって知ってる?

聴覚障害者が主役の
国際スポーツ大会

パラリンピックより歴史が古い

「デフリンピック（Deaflympics）」は、聴覚障害がある人が参加する国際スポーツ大会です。「耳が聞こえない」という意味の「デフ（deaf）」とオリンピック（Olympic）を合わせた言葉です。夏季大会と冬季大会がそれぞれ4年に一度開催されています。

夏季大会は1924年にフランス・パリで（参加国9カ国）、冬季大会は1949年にオーストリア・ゼーフェルトで（参加国5カ国）はじめて開催されました。1924年初開催というのは、なんとパラリンピック初開催の1948年より24年も先立ってのことでした。

この1924年はパリでオリンピックが開催された年。その関心を聴覚障害者にも向けてもらうために、自身もろう者であるフランス人ユジェーヌ・リュバン＝アルケが呼びかけ、「国際サイレント大会」として開催したのが始まりとされています。

日本は、1965年のアメリカ・ワシントン大会から参加しています。

ご購読者様へ

「なるにはBOOKS」シリーズ　新刊の価格改定のお知らせ

時下ますますご隆昌の由大慶に存じます。

さて、弊社発行の職業紹介シリーズ「なるにはBOOKS」は、原材料費等の製造コストの高騰に伴い、2023年1月以降の新刊・改訂新版より、本体価格を1600円および1700円とさせていただきます。

なお、**既刊につきましては、現状の価格のまま**となります。

定期購読いただいているお客様におかれましては、何卒ご理解を賜りたくご連絡申し上げる次第です。

今後もより一層の品質の向上に取り組み、さらなるご満足をいただけるよう誠心誠意、精励いたす所存です。今後とも継続してご購読をいただけますよう、謹んでお願い申し上げます。

2022年12月吉日

株式会社ぺりかん社　営業部

電話　03‐3814‐8515

これが、アジアからの初参加です。

どんなふうに開催されているの？

　参加資格は、聴力の程度が一定以下（55デシベル以上の聴覚障害）の人と決められています。試合中も練習時間中も、補聴器をはずす決まりがあります。

　コミュニケーションはすべて、国際手話（90ページ参照）によって行われ、各国の選手の友好が深められています。

　競技は、スタートのタイミングや審判の声を、旗を降ったり照明を光らせたりして合図し、進行します。そのほかはオリンピックと同じルールで運営されています。

　現在、夏の大会では陸上・バスケットボール・バレーボール・サッカー・柔道・水泳・卓球・テニス・空手など20競技が、冬の大会ではアルペンスキー・スノーボード、カーリングなど5競技が行われています。参加国は、夏の大会は70から80カ国、冬の大会は30カ国前後となっています。

　2022年5月には、24回夏季大会がブラジルのカシアスドスル市で開催されました。日本からは149名が参加、金12、銀8、銅10の計30個という、過去最高のメダル数を獲得しました。

　にもかかわらず、日本での報道はたいへん少なく、デフリンピックの存在を知らない人もたくさんいるのが現状です。

　次回の2025年夏季大会は、日本・東京で開催されることが決定しました。日本での開催ははじめてのことです。これを機に、多くの人がデフリンピックに関心をもってくれることでしょう。

3章

障害を補う必需品！
補聴器をイヤホンと
間違われることも

　聴覚障害のある人にも、日常生活に欠かせない必需品があります。
いくつか具体的に見ていきましょう。

❖ 身体障害者手帳

　視覚障害者と同様に、身体の機能に一定以上の障害があると認めら
れた人に、自治体から交付される手帳です（60ページ参照）。

❖ 携帯する耳マーク、施設などに掲示する耳マーク

　緑色の耳の形がデザインされたものです。バッジやス
テッカーやカードとして使用します。聴覚障害のある人が
携帯するさいは、聴覚障害があることを周囲に理解してもらうための
マークとなります。公共施設や病院や駅、銀行の窓口などに掲示する
さいは、聴覚障害のある人に、「筆談などにより手助けします」と伝
えるためのマークとなります。

❖ 補聴器

音を大きくしてくれるもので、耳にかけたり耳の穴に入れたりして使います。補聴器の機能で重要なことは、「音」は大きくなっても、「人の声」だけを大きくして聞けるものではないということ。

人間の感覚器官というのはたいしたもので、雑音の中でも、健聴者は話し相手の声など、聞きたい音をちゃんと聞き取ることができます。けれど、補聴器は周囲の雑音もいっしょに大きくしてしまうのです。また、ざわざわと複数の人が同時に話すと、聞き取れない、どの方向からの音であるかわかりにくい、などの問題も出てきます。

補聴器をつけているからちゃんと聞こえているだろう、と思いこむのは、大きな誤りです。

それから、困ることがもうひとつ。補聴器を音楽用のイヤホンと間違えないでください。イヤホンと思われ、「はずしてください」などと言われてしまった人もいるそうです。

❖ 電子メモパッド

専用のペンで、何度でも書いて消せるボードです。内容の保存機能もあります。大きさもいろいろあり、小さいものは軽くて持ち運びやすいので、筆談用としてすぐれています。

黒い面に白で書くと見やすい

ユーザーの耳となって
鳴っている音を知らせる
たよれる相棒

聴 導犬は、聴覚障害者の耳となって、音が鳴っていることをユーザー（聴導犬の使用者）に知らせる犬です。

前足や鼻先でタッチして、音を知らせる

家の中の電話・ファクシミリの着信音、ドアのチャイム、目覚まし時計、タイマー、メール着信音などを聞いて、ユーザーへ知らせ、音のしているほうへ誘導します。赤ちゃんがいる家庭だと、泣き声を知らせることもあります。外出先では、車のクラクション、自転車のベルなどを知らせてくれます。

知らせる方法は、前足や鼻先で軽くタッチしたり、ユーザーが歩いているときは、後ろ足で立ち上がって、前足でユーザーにタッチするなどです。

聴導犬も頭がいい！

　非常ベルが鳴った場合は、ユーザーにタッチしてから、その場に「伏せ」の姿勢をとります。音のしているほうへ誘導しないのは、危険が発生している現場に近づいてしまう危険があるからです。また、「伏せ」をするのは、いつもと違う状況であることを、ユーザーに知ってもらうためです。

　盲導犬は「ゴー」などの指示により、ユーザーの手助けをしますが、聴導犬ユーザーは声により指示を出すことはできません。「チャイムが鳴ったら知らせて」と命令するわけにはいかないのです。

　そのため、聴導犬は音がしたら、自分で「知らせるべき音かどうか」の判断をしているのです。

3章

昔から活躍していたの？

　聴導犬の歴史はまだ浅く、1966年、アメリカから始まりました。聴覚障害のある16歳の少女の飼い犬が、何の訓練も受けていない生後４カ月くらいから、ドアベルや電話の音などを、彼女に前足でタッチして知らせるようになったのです。彼女の両親は犬の訓練士に頼んで、娘の耳の替わりとなる犬へと育成しました。

　これをきっかけに、1975年からアメリカの福祉団体が「聴導犬」の訓練を始めました。

　日本では、1981年に育成が始まり、1984年に初めて聴覚障害者に貸し出されました。2022年現在60頭以上が活躍しています（2022年、厚生労働省調べ）。

どんな犬が向いているの？　どうやって育成するの？

　犬種は、盲導犬のように大型犬である必要はないため、小型、中型と、いろいろな種類の犬がいます。保護犬だった犬や、ミックス犬もたくさん活躍しています。

　育成するには、生後２カ月くらいから候補犬を選びます。

　人が好きで誰にでもフレンドリーで、いろいろな場所や乗り物のなかでも落ち着いていられる、などの犬が向いています。まず、ボランティアで子犬を育ててくれる家庭で、トイレのしつけやむだに吠えないなどの基本的な社会性を身に着け、10カ月から１年たって、聴導犬の訓練に向くがどうかのテストをします。

　合格したら、音に対する訓練に入ります。

　歩行訓練やバスの乗車、レストランに入店するなどの練習もしま

す。

　その後ふたたびテストをして、聴導犬を希望している人と「お見合い」し、希望者の家でさらにいっしょに訓練を積みます。最後に身体障害者補助犬認定試験を受験し、合格して晴れて希望者宅に聴導犬として迎えられます。

　訓練期間は、最低でも１年８カ月くらいはかかります。

働けなくなったら、どうなるの？

　聴導犬も高齢になると耳が遠くなり、また動きもにぶくなります。引退することになりますが、その後もほとんどの犬が引き続きユーザーの家で暮らしています。日本聴導犬協会などの団体が引き取る場合もあります。

3章

4章

いっしょに社会で

社会の中の工夫を見てみよう

障害のない場所は
誰にとっても過ごしやすい場所

「社会の障害」を取り除くための工夫

　2021年に行われた東京2020夏季パラリンピック開催もあり、近年日本でも、障害のある人や高齢者が、街や学校などで感じるバリア（障壁）を取り除くバリアフリーが進んでいます。また、障害のある人や高齢者、赤ちゃんがいる人などにかかわらず、誰もが過ごしやすい場所、使いやすい物になるよう工夫する、ユニバーサルデザインのものも増えているといえます。

　たしかに昭和や平成のころよりも、障害があっても外出しやすく、家の中でも生活しやすい工夫がなされているようです。

　ここでは、視覚障害、聴覚障害のある人のために、街中や駅など社会の中でどんな工夫がなされているか、見ていきましょう。

❖ 歩道にある点字ブロック

　誰でも知っている、道路上にある連続したブロックで、周囲の路面

からめだつよう、黄色が主流となっています。正式には、「視覚障害者誘導用ブロック」といいます。でこぼこした突起がついていて、この突起を足の裏や白杖で確認しながら進みます。「点字」といっても、突起が点字のように文字を表しているわけではありません。

　２種類あり、進行方向を表す「誘導ブロック」（進行方向を示す線が浮き出ている）、階段前や横断歩道前、誘導ブロックの分岐点などの危険な場所に敷かれる「警告ブロック」（点が浮き出ている）があります。

点字ブロックの始まりは日本

　点字ブロックは、日本で考え出されたものです。

　1965（昭和40）年に、岡山県の社会事業家、三宅精一により考案され、２年後に世界ではじめて、岡山市内の盲学校近くの交差点に設置されました。そこから、全国に広まっていきました。

　点字ブロック上に自転車を止めたり荷物を置いたり、立ち止まっておしゃべりしたりするのは、視覚障害のある人にはたいへん迷惑であり、また危険なことです。ぶつかる可能性があるし、よけようとして点字ブロックから離れると、方向がわからなくなってしまうのです。

❖ 音響式信号機

　青信号になったときに、小鳥の声などをアレンジした音が流れるものです。自動的に鳴るものと、スイッチを入れないと鳴らないものがあります。スイッチ式だと、肝心の視覚障害者には機械の場所が見つけられず、使えないこともあります。そのため、押しボタンが「プップッ」と音を発し、位置を教えてくれるものもあります。

4章

さらに進化する信号機

2012年から設置が始まったのが、LEDつき音響信号装置です。

横断歩道を渡るときは、向こう側の信号の色を見ますが、広い道路の場合、弱視の人や高齢者には遠くてよく見えないことがあります。そのため、横断歩道の手前で信号を確認できるように、LED灯の信号つきのポールが設置されました。

1メートルくらいの高さで、子どもや車いすの人でも見やすく、音が聞き取りやすくなっています。青信号の時間を長めにできるボタンもあります。ポールが振動して青信号を知らせるタイプもあります。

❖ 聴覚障害者標識（聴覚障害者マーク）

聴覚が不自由な人が車を運転していることを示すマークです。また、まわりの車は、このマークをつけている車を保護する義務があり、「この車に対して幅寄せや割り込みなどを行ってはいけない」と定められています。もちろん、どんな車にも危険な行為をしてはならないのはあたりまえのことですが、特にこのマークをつけている車に危険な行為をすると、「初心運転者等保護義務違反」となり、反則金が生じます。

❖ 駅構内にある音声誘導チャイム

チャイムの音で改札口や階段の位置を知らせるものです。

❖ 運賃表や階段の手すりの点字

点字つきの運賃表や、階段の手すりのはしに、出口やホームを知らせる点字が印字されているところもあります。

❖ **駅構内にある点字ブロック**

　点字ブロックは、駅の構内やホームにも設置されています。構内では「誘導ブロック」が多く、ホームには「誘導ブロック」とともに「警告ブロック」が敷かれています。ホームの警告ブロックには、「この先は線路、危険」という意味があります。

　ホームの「警告ブロック」には、「内方線付き」といって、線状の突起が線路とは反対側、つまりホームの内側についているものもあります。視覚障害のある人が方向を見失い、線路方向へ歩いて転落することを避けるためのものです。

❖ 公共施設のトイレにある音声案内

「向かって右が男子トイレ、左が女子トイレです」などの音声が流れます。

❖ 触知案内板

トイレの案内図としてよく設置されています。トイレ内の個室や手洗いの位置などが線になって盛り上がり、指でふれてわかるようになっています。ペーパーホルダーや水洗ボタンの位置などの表示を備えているものもあります。

❖ 多目的トイレ内を案内する音声ガイド

カギのかけ方、便器の位置、ペーパーホルダーや水洗ボタン、手洗い台の位置などを、音声で案内してくれます。

横山さん

音声ガイドつきトイレならいいのですが、ふだんは水洗ボタンなどを探して、汚いところに触ってしまうこともあります。ウエットティッシュはいつも持ち歩いていますよ。

トイレでなくても、何か物を落っことすと、手で探って見つけるしかないので、手はわりと汚れますね。

❖ 映画についている字幕

外国の映画には、日本語の字幕がついていますが、聴覚障害のある人のために、日本の映画でも字幕つきのものがあります。

❖ 映画の音声ガイド、字幕アプリ

　視覚や聴覚に障害がある人のために、「スマートフォン・タブレット端末による音声ガイド」「めがね、スマートフォン・タブレット端末による字幕、手話によるガイド」のアプリがあります。

映画鑑賞しながらスマホを操作していたら

　視覚障害者用のガイドアプリでは、セリフやナレーションがない映像のときに、画面に何が映っているのかを音声で解説してくれます。イヤホンを使用します。

　聴覚障害者用のアプリでは、音声の内容を字幕や手話で見ることができます。また、「めがね型端末」もあり、スマホと映画のスクリーンを交互に見なくてもすみます。

　映画鑑賞中にスマホを操作している人のなかには、視覚や聴覚に障害のある人が、こうしたアプリを使って映画を楽しんでいることもあるのです。

三好さん

　アルバイトで、音声ガイドがある映画のモニターをしています。音声ガイドを聞いて、「こういう描写ではわかりにくい」とか、「この部分は説明なしでセリフをじっくり聞きたい」など、意見や感想を言う仕事です。
　最新の映画を観ることができていいですよ！

4章

こんな工夫も見てみよう

生活に役立つ便利な機器。
でもまだまだ足りない設備

障害のある人の家は工夫がいっぱい

　ひと時代前よりも、障害のある人が外出しやすく、便利な場所も増えてきたようです。では、家の中はどうでしょうか。

　自分が生活しやすいよう、いろいろな工夫がなされているようです。

　なかには、障害あるなしに関係なく、とても役に立つ、使いやすいものも。例をあげて見ていきましょう。

❖ テレビの解説放送（副音声）、字幕

　解説放送は、視覚障害のある人や、テレビが見えない位置にいる人のために、映画の音声ガイド同様、セリフやナレーションのない場面を音声で解説するものです。

　字幕は、聴覚障害のある人や、テレビの音量を低くしたい人のために表示されます。

　どちらも、すべてのテレビ番組についているわけではありません

が、増加はしています。リモコン操作で、誰でも視聴することができます。

三好さん

> テレビのリアルタイム放送では解説があっても、テレビ番組の最新話を無料配信するサービスのときは解説放送がなくなっている場合があります。みんな、つけてくれたらいいのにな。

家の中にあるいろいろな点字やマーク

炊飯器や洗濯機などの家電製品のスイッチ部分に、「入る」「切る」などの点字が印字されています。

アルコールドリンクの缶などには、ジュースと間違って飲まないように「おさけ」という点字がついています。ジャムのびんにも、「ジャム」と、ケチャップの容器には「ケチャップ」と印字されています。

点字ではありませんが、アルミホイルと間違えやすいラップには、浮き上がったマークがついています。また、シャンプー、リンスを見分けるために、シャンプーボトルのほうに短い線が一列に刻みつけられています。シャワーを頭に浴び目をつぶったままシャンプー・リンスのボトルを探す人もたくさんいますから、すべての人にとって便利な工夫です。

お札にも「識別マーク」があります。お札の角2カ所に、ざらざらしたマークがついています。1万円札はかぎ形、5千円札は8角形、千円札は横棒のマークとなっています。

4章

❖ キャッシュカード

　点字が表記されたものを、銀行や郵便局で作成してくれます。
ATMで使用すると、残高などが点字ディスプレーで表示されます。

❖ 時計

　視覚障害のある人のために、手でふれる時計、音声で時刻を知らせ
る時計があります。

　聴覚障害のある人の目覚まし時計として、設定時刻にブルブル大き
く振動(しんどう)する時計があります。

❖ 音声ガイドつきIH調理器

　数十分、つきっぱなしだと「加熱を終了(しゅうりょう)しました。上部プレートは
熱いので注意してください」などの音声で知らせてくれます。

❖ 調理用の黒いまな板

　弱視の人用。木製や白いものよりも、黒いまな板のほうが食材が見
えやすいので、食材によっては安全に調理できます。

黒いまな板のほうだと食材が見えやすい

筑波大学附属視覚特別支援学校提供

❖ キッチンタイマー

　大画面の白黒反転液晶（えきしょう）とバックライトつきで表示が見やすくなっています。バイブレーションつきで、聴覚障害のある人にも対応しています。

❖ お札や小銭を分けて収納できる財布

　必要なお札や小銭がすぐに取り出せるように工夫された財布です。小銭入れには10円・50円・100円・500円硬貨（こう か）を分けて収納できるレールがついています。お札入れには折りたたまずに3種類のお札が収納できる仕切りがあります。視覚障害のある人だけでなく、誰（だれ）にとっても便利に使えます。

❖ 白黒反転ノート

　弱視の人が見えやすいよう、黒色になっているノートです。罫線（けいせん）は白で、白いペンを使って書きます。

❖ オセロゲームやトランプ

　視覚障害のある人のため、オセロは、コマが白か黒かが触（さわ）ってわかるようになっていて、また仕切りの線も出っ張っています。トランプは点字つき。そのほかにもいろいろなゲーム、おもちゃがあります。

❖ 電話リレーサービス

　聴覚障害者と健聴者（けんちょうしゃ）とが会話するとき、手話動画や文字をパソコンやスマホで送り、通訳オペレーターが通訳して、代わりに相手に電話してくれるサービスです。主に緊急時（きんきゅう）や電話しか連絡（れんらく）手段がない場合に利用されています。

4章

光などで知らせるグッズも効果的

　聴覚障害のある人のために、チャイム、電話の着信、キッチンタイマーなど、音と同時に光を発します。電話は、相手の声の音量を大きくして、聞こえやすくすることもできます。

　家の中で離(はな)れた位置にいる家族に用があるときは、懐中電灯(かいちゅうでんとう)をふるという方法もあります。ティッシュやお手玉のようなものを当ててふりむいてもらうこともあります。

もっと欲しい、障害をなくす設備

　2章、3章の「ないと困るグッズ」とあわせ、このようないろいろな設備や機器があることを、はじめて知った人もいるでしょう。また、点字ブロックのように毎日見ていても、その模様の意味までは知らなかったという人もいるかもしれません。

　特に、視覚障害のある人がパソコンやスマホを使いこなしていることは、驚(おどろ)くばかりです。

ごはんよ…

112

　それに比べて、聴覚障害のある人のための設備は、まだまだ数が少ないように感じます。

　電車やバスの運行にトラブルが起きてアナウンスがあっても、聴覚障害のある人には何が起きたのかわかりません。これは、「困ること」の上位となっています。

　車内にある電光掲示板にリアルタイムで情報が表示されると、すべての人にとって便利です。駅のホームにもともと設置されている電光掲示板で、駅員や車掌のアナウンスを文字化して流すなどの対応を始めている駅もあります。

　そういう対応がさらに増えていけば、誰にとっても親切な駅となるでしょう。

4章

声かけから始めてみよう

チャレンジすることで
大きな一歩に

声かけや手助けで社会は変わる

　どんなに設備が整い、便利な機器やグッズが増えたとしても、必ず必要であるのは、周囲の人の心遣いです。「お手伝いすることがありますか？」の声かけや、筆談に快く応じることなどがなければ、障害のある人にとって生きにくい社会となります。

　知らない人への声かけや手助けをするのは、ハードルが高いかもしれません。しかし、チャレンジする意味はとても大きいのです。誰もが、困っている人にさっと気軽に手を差しのべるようになれば、また、障害のある人が躊躇なく気兼ねなく、いつでもどこでも助けを求められるようになれば、社会全体の空気が変わります。

　障害のある人に限らず、高齢者やけがをしている人、病気のある人、おなかに赤ちゃんのいる人、乳幼児を連れた人など、どんな人でも不安なく外出でき、また学校や仕事場で安心して勉強し仕事をすることができるでしょう。

　反対に、健康な健常者のみが外出でき、活躍している社会はどうでしょう？　むしろ病んでいると思いませんか？　そうなったら、多くの人材が埋もれてしまい、社会全体にとってたいへん「もったいない」ことです。

　それでは、具体的に、どのように手助けしたらいいでしょうか？

視覚障害のある人の場合

　白杖を持っている人や障害のある人を見かけたときにまずしてほしいことは、よく相手を見ること。はじめて手助けするときは勇気がいるものですが、最初のひと声をかけられればだいじょうぶ。あなたのひと言で、相手が笑顔になることもあります。

横山さん

　白杖を使ってすたすた歩いているようでしたら、困ってはいないでしょう。立ち止まって、きょろきょろしている場合は、「困っています」ということですよ！

まず、呼びかけてから

　できるだけ相手の正面に行き、「こんにちは」などとよびかけます。それから「何かお手伝いすることがありますか？」などの声をかけます。いきなり腕をつかんだりするのはやめましょう。相手を驚かせ警戒させてしまう行為です。

4章

いっしょに歩いて案内しよう

「郵便局に行きたいのですが、方向がわからなくなって……」などの返事があったら、「それでは近くまで案内しますね！」と言い、自分のひじの上あたりにつかまってもらいます。相手の背が高いときは、自分の肩に手を置いてもらいます。その状態で歩き出すと、視覚障害のある人に、自分の動きがよく伝わります。

　歩き出すときは、「右へ行きます」など、具体的に。曲がったり、階段や段差、信号があるときは、「左へ曲がります」「階段を下ります」「信号です、赤です」「青になりました」などの声をかけてください。

もし、危ない場面を見かけたら

　道路の点字ブロックに荷物が置かれている！　駅のホームで、線路に落ちそう！　などを見かけたら、「止まって！」と大きな声で知らせましょう。「白杖を持っている方！」を加えれば、さらに気付いてもらいやすくなります。恥ずかしい？　でも、事故やけがにつながって、「あのとき、私が声をかけていれば……」などと後悔するよりはいいでしょう？

聴覚障害のある人の場合

　たとえば筆談などを求められたら、もちろん、快く応じましょう。スマホなどの画面に書いて伝えるのもいいでしょう。また、スマホなどに音声を入れると文字変換してくれるアプリもあります。文字入力

より早く返事ができます。

発音が明瞭でない人から話しかけられたら

　聴覚障害のある人かもしれません。自分の口の動きが見えるようその人の正面を向き、ゆっくり口を大きく動かして、返事をしましょう。必要に応じて、身振り手振りを加えてもいいでしょう。

もし、電車などの運行にトラブルがあったら

　駅や車内のアナウンスがあるのに、状況がわからないようすできょろきょろしている人は、聴覚障害のある人かもしれません。紙やスマホなどの画面に書いて、アナウンスの内容を伝えましょう。

断られてもめげないで、恥ずかしがらないで

　勇気を出して「お手伝いしましょうか?」と声をかけても、「だいじょうぶです」と断られることもあります。でも、めげないで!　相手の人は、「今は自分でなんとかできるからお断りしたけれど、親切に声をかけてもらってうれしい」と感じていることでしょう。

4章

おわりに代えて
―― 障害について、こう考えてみた

もし、案内板のない世界だったら

　私はたいへんな方向音痴です。何回が行ったことのある場所でも迷い、地図を持っていても方向を見失います。「東へ100メートル先」と言われても、どっちが東かわからず、どのくらい歩いたら100メートルになるのかもわかりません。

　想像してみました。もしも世界のほとんどの人が、正確で鋭い方向感覚、距離感覚をもっているとしたら。たとえば「北北東に何百メートル、川に突き当たったら南西に何十メートル」という説明だけで、迷わず目的地に到着できるとしたら。あるいは、車の運転でも「北緯〇度△分、東経□度×分」がわかればどこへでも行けてしまうとしたら。街にも道路にも公園にも案内表示はなく、カーナビも不要ないので開発されません。さらに、飛行機の計器類も大部分は必要なく、パイロットは自分のすぐれた知覚だけで操縦できたりして。

　その世界では、私のような方向音痴は障害者――そう、「方向・距

離知覚障害者」とされるでしょう。「かわいそうに」「外へは出ないほうがいい」「できる仕事も限られるね」などと言われるかもしれません。自動車の免許を取りたくても、教習所で門前払いされるでしょう。

でも、わかりやすい地図やスマホの道案内アプリ、道路や街のたくさんのていねいな案内板、さらにカーナビなどがあれば、障害者ではなくなります。いえ、障害者であっても、社会に出ていくことができます。

そう考えると、障害とは、社会の側がつくり出しているという面が浮き彫りになると思いませんか？

さらに、その人の能力を見ずに「〇〇障害者だから、仕事はできないだろう」とひとくくりにする怖さ、その人の能力を活かそうとしない「もったいなさ」も見えてきます。

実際に、１章で３人の方から話をうかがい、またいろいろと調べていくなかで、すごい能力と感じることがたくさんありました。それぞれに視覚を使わず、聴覚を使わずに情報を得るスペシャリストだったのです。１章で石川さんが語ってくれたように、耳が聞こえないからこそ、「できることがある」のです。

そうなると、「目が見えない人」あるいは「耳が聞こえない人」というよりは、「目は見えない人」「耳は聞こえない人」というほうが、実情に近づくのではないかと思います。

努力を強いる不公平さ

もちろん、障害のある人は、学校でも家でも街でも、いろいろな努力を重ねているでしょうし、また努力を求められることが数多くある

ことでしょう。石川さんの言葉のように、「社会は障害のない人がつくってきた」のですから。

　1章の横山さんは、話のなかで「弱視者はそれくらいがんばれということなんでしょうか?」ともらしています。小学校時代、弱視であることに配慮してもらえなかったときの思いです。

　三好さんも、ポジティブで明るい話をするなかで、将来への不安を口に出すこともありました。今、大学生活は楽しいけれど、社会人になったらどうなのだろう、人とのつながりがうまくできるか心配——と。

　新しい環境での生活は、誰にとっても不安であり、まして仕事をするとなると、さらに努力が必要です。けれども、視覚に障害のある彼女が感じる不安や、必要とされる努力の質と大きさとは、おそらく比較にならないでしょう。

　障害のある人ばかりにそんな不安を抱かせ努力を強いるのは、あまりにも不公平ではないでしょうか。なんだか申し訳ない気持ちがわいてきます。そう考えると、一人ひとりが少しでも手を貸すのは、親切心や思いやりという以前の、あたりまえのことに思えてきます。

　同時に、いろいろな工夫をして社会の側にある問題点、障壁を取り払うことも、当然のこと。障壁のない社会は、赤ちゃんから高齢者まで、すべての人にとって暮らしやすい社会になるはずです。

文化として共有できたら

「はじめに」で、手話の動きが「美しく見えた」と書きました。1章の石川さんの手話も、とてもエレガントでした。手話通訳士の方を介してのインタビューでしたが、私も手話を使えたらよかったのに、と

心残りです。

　聴覚障害のある人の拍手は、両腕をあげて手のひらをひらひら回転させるそうです。大勢の人がいっせいに動かす手の波は、どんなに美しいものでしょう。

　すべての人が口話といっしょに、手話も使うようになったら。ふと、そんなことを考えました。そうしたら、聴覚障害のある人と健聴者のあいだでコミュニケーションに困ることはなく、「障害」といえなくなるかもしれません。

　視覚障害のある人が、どうやって世界を把握するのかも、たいへん興味深いことです。人は情報の８割以上を目から得ているそうです。パソコンやスマホで疲れた視神経に負担をかけないために、ほかの感覚器官をもっと働かせたほうがいい、そのためのトレーニングがあってもいいんじゃない？　などと思います。

　知らない土地を旅することで、多くのことが得られます。たくさんの出会いがあります。同様に、障害のある人の文化を知り、それを少しでも共有することで、多くの出会いがあり、世界はもっと深くて豊かなものになる。

　そんな気がしてきませんか？

　最後になりますが、インタビューに応じてくださった横山政輝さん、三好里奈さん、石川剛己さん、興味深いすてきなお話をありがとうございました。また、ご協力くださいました筑波大学附属視覚特別支援学校の山口崇先生、青松利明先生、埼玉県立特別支援学校大宮ろう学園の石川美香先生に心からお礼申しあげます。

お勧めの本・DVD

視覚障害に関するもの

©Uoyama

『ヤンキー君と白杖ガール』
うおやま著、KADOKAWA

街で恐れられるヤンキー・黒川森生は、白杖を使い視覚特別支援学校高等部に通う赤座ユキコにひと目ぼれ。この恋の行方は？ 視覚障害のある人たちからも絶大な支持を受けた人気コミック。2021年にテレビドラマ化も。

『みえるとか みえないとか』

ヨシタケシンスケ作・絵、アリス館

宇宙飛行士の僕が訪れたある星の人は、目が三つあり後ろまで見える。「目が二つしかないなんてかわいそう」と言われたけれど……。障害についての見方を、すとんと大きく変えてくれる絵本。

『闇を泳ぐ 全盲スイマー、自分を超えて世界に挑む。』

木村敬一著、ミライカナイ

東京2020パラリンピック水泳の金メダリスト、全盲の木村敬一の自伝。盲学校から大学へそして世界へと、自分の「武器」である水泳とその明るいキャラで人生を切り開いていくようすが爽快。

『〈できること〉の見つけ方　全盲女子大生が手に入れた大切なもの』

石田由香理・西村幹子著、岩波ジュニア新書

全盲の〈わたし〉が、傷つき悩みながら「自分にできること」を探し続けてたどりついた答えは。率直にみずみずしく語られる著者の思いが、障害のあるなしを超えてすべての人を勇気づけてくれる。

私からのお勧めの本です！

三好さん

聴覚障害に関するもの

Blu-ray /DVD『しずかちゃんとパパ』

NHK エンタープライズ製作

NHK の人気ドラマ。しずかのパパはろう者。しずかはパパの耳代わり口代わりを務めてきたが、恋人が現れ──。しずかの父への気遣い、父の娘への愛とろう者としての思いが織りなす、ホームコメディー。
発行・販売元：NHK エンタープライズ　　©2022NHK・AX-ON

『蝶の羽ばたき、その先へ』

森埜こみち著、小峰書店

中学 2 年生の結は突発性難聴で片耳の聴力を失うが、それを友人に打ち明けられずにいた。やがて結は手話サークルとの出合いにより、一歩前に歩み出していく。結の心の揺れを繊細に描き出す、創作物語。

『はるの空 耳の聞こえない私は、音のない世界をこう捉え、こんな風に生きてきた。』

春日晴樹著、ジアース教育新社

著者は、手話が第一言語のろう者。日本語を獲得するのは苦労と工夫がいっぱいだった。それでも冒険大好きで一人で日本縦断したり、世界一周したり、JAXA（宇宙航空研究開発機構）で働いたり。パワーあふれる半生記。

『手話の世界を訪ねよう』

亀井伸孝著、岩波ジュニア新書

手話は言語のひとつ。その見方に立ち、手話に精通した文化人類学者が、ろう者たちの豊かな文化世界に案内してくれる本。手話とは何か、手話の歴史、世界の手話などが親しみやすく解説され、なるほど感たっぷり。

［著者紹介］

金治直美（かなじ なおみ）

児童書作家。埼玉県在住。創作物語とノンフィクション物語の両方を手がける。日本児童文芸家協会会員。創作物語に『ミクロ家出の夜に』『となりの猫又ジュリ』（国土社）など。ノンフィクション物語に『マタギに育てられたクマ』『読む喜びをすべての人に　日本点字図書館を創った本間一夫』（佼成出版社）、『知里幸恵物語』（PHP研究所）、『私が今日も、泳ぐ理由』『クレオパトラ』『マイヤ・プリセツカヤ』（学研プラス）など。

指と耳で見る、目と手で聞く──視覚障害・聴覚障害のある人の暮らす世界

2023年1月10日　初版第1刷発行

著者　　金治直美
発行者　廣嶋武人
発行所　株式会社ぺりかん社
　　　　〒113-0033　東京都文京区本郷1-28-36
　　　　TEL　03-3814-8515（営業）
　　　　　　　03-3814-8732（編集）
　　　　http://www.perikansha.co.jp/
印刷所・製本所　太平印刷社

「なるにはBOOKS」は株式会社ぺりかん社の登録商標です。

＊「なるにはBOOKS」シリーズは重版の際、最新の情報をもとに、データを更新しています。

105 保健師・養護教諭になるには

山崎京子(元茨城キリスト教大学教授)監修
鈴木るり子・標美奈子・堀篭ちづ子編著

❶人びとの健康と生活を守りたい
❷保健師の世界［保健師とは？、仕事と職場、収入・将来性、なるにはコース］
❸養護教諭の世界［養護教諭とは？、仕事と職場、収入・将来性、なるにはコース］
★
★
★

16 保育士になるには

金子恵美(日本社会事業大学教授)編著

❶子どもたちの成長に感動する日々！
❷保育士の世界［保育士の仕事、保育の歴史、保育士の働く施設と保育の場、勤務体制と収入］
❸なるにはコース［適性と心構え、資格取得について、採用について］
☆

138 社会起業家になるには

簱智優子(フリーライター)著

❶社会問題の解決に向けて
❷社会起業家の世界［社会起業家とは？、世界の社会起業家たち、活躍する分野、生活と収入、将来性］
❸なるにはコース［適性と心構え／養成施設／起業するには］
☆

56 幼稚園教諭になるには

大豆生田啓友(玉川大学教育学部教授)著

❶子どもたちの最初の先生！
❷幼稚園教諭の世界［変化する幼稚園、幼稚園教諭の役割、幼稚園・認定こども園で働く人たち他］
❸なるにはコース［幼稚園教諭の適性、免許の取得方法、就職他］
★
★
★

61 社会福祉士・精神保健福祉士になるには

田中英樹(東京通信大学教授)・
菱沼幹男(日本社会事業大学准教授)著

❶支援の手を差し伸べる
❷社会福祉士の世界［現場と仕事、生活と収入・将来性、なるにはコース］
❸精神保健福祉士の世界［現場と仕事、生活と収入・将来性、なるにはコース］
★
★
★

29 小学校教諭になるには

森川輝紀・山田恵吾著

❶子どもたちのかけがえのない日々
❷小学校教諭の世界［教師の歴史、小学校の組織とそこで働く人たち、一年間の仕事、一日の仕事、給与他］
❸なるにはコース［心構え、教員免許をとるために、教壇に立つには］
★
★
★

100 介護福祉士になるには

渡辺裕美(東洋大学教授)編著

❶利用者の生活を支える
❷介護福祉士の世界［社会福祉とは、介護福祉士の誕生から現在まで、活躍する現場と仕事、生活と収入、将来性他］
❸なるにはコース［適性と心構え、介護福祉士への道のり、就職の実際他］
★
★
★

89 中学校・高校教師になるには

森川輝紀(福山市立大学教育学部教授)編著

❶生徒とともに学び続ける
❷中学校・高校教師の世界［中学校教師の職場と仕事、高校教師の1年間の仕事、実技系教師、給与他］
❸なるにはコース［心構え、資格を取るには、教壇に立つには］
☆

146 義肢装具士になるには

㈳日本義肢装具士協会協力
益田美樹(ジャーナリスト)著

❶オーダーメードの手足と装具を作る
❷義肢装具士の世界［働く場所と仕事内容、生活と収入、将来性他］
❸なるにはコース［適性と心構え、養成校、資格試験、採用・就職他］
★
★
★

66 特別支援学校教諭になるには

松矢勝宏(東京学芸大学名誉教授)・
宮崎英憲・高野聡子編著

❶特別支援学校ってどんなところ？
❷特別支援学校教諭の世界［障害のある子どものための学校教育の歴史他］
❸なるにはコース［適性と心構え、必要な教員免許状、養成機関、採用・就職］
★
★
★

※ 一部品切・改訂中です。　　2022.11.